歷史Z咖搞什麼！

法國皇室變裝玩伴、希特勒的鋼琴師…
改變世界的都是偉人旁的小人物，75 個超有事真相爆料

Le dentiste de Napoléon, l'indic de Jules César...-
75 figure de l'ombre qui ont influencé l'histoire

黛芬 · 佳冬 · 史隆 著 詹文碩 譯
Delphine Gaston-Sloan

獻給克萊爾

光明磊落，皎潔無瑕

目錄

拉美西斯二世的建築師 巴肯犟蘇……12
亞歷山大大帝的大管家／大內總管 查睿・德・米蒂利尼……14
西塞羅的出版商 阿提庫斯……16
凱撒的德魯伊間諜 狄維夏哥……18
維欽托利的最高行政首長 恭維多里達維斯……20
埃及豔后的兩位侍女 莎米昂與伊菈……22
斯巴達克斯的主人 藍度盧・巴夏圖斯……24
克洛維的騎侍從 蘭尼塞……27
查理曼大帝的同窗好友 艾因哈德……29
查理三世「老實者」的維京麻吉 羅龍……32
于格・卡佩的雙面間諜 阿達爾貝隆大主教……34
征服者威廉的遺囑執行人 蘭弗朗……37

路易七世的金主 艾伐德巴……39
腓力二世．奧古斯都的兒時玩伴 雷諾．德．布洛涅……42
聖路易的貼身男僕兼外科醫生 皮野．德．拉．伯斯……44
「美男子」腓力的金主 畢許與穆許……46
馬可．波羅的影子寫手 比薩的魯斯蒂謙……48
查理五世的財政大臣 于格．歐布里歐……50
查理五世的總工程師 聖殿雷蒙……53
查理六世的救命恩人消防員德．貝里公爵夫人……55
查理六世的專屬巫師 阿諾．紀優姆……58
查理六世的撲克牌畫師 賈克明．格林格諾……60
聖女貞德的嚮導 讓．德．梅斯……63
路易十一的奇蹟製造者 法蘭索瓦．德．保拉……66

路易十一的理髮刮鬍師　歐利維．內克……69
法蘭索瓦一世的另類造型師　賈克一世．德．蒙哥馬利……72
達文西的徒弟　法蘭茄斯柯．梅契……75
凱薩琳．德．麥地奇的理專　西庇阿．沙丁尼……77
伊莉莎白一世的情報頭子　法蘭西斯．沃辛漢……80
查理九世被隱匿的兒子？　法蘭索瓦．德．拉哈美……83
亨利四世的裁縫師與農業專家　巴特雷迷．拉菲馬與歐利維．德．賽荷……86
黎希留的法蘭西學院院士　瓦侖丁．鞏哈……89
黎希留的首席智囊　約瑟夫．弗朗索瓦．勒克萊爾……92
路易十四的假髮造型師　本瓦．畢內……95
路易十四皇弟的男扮女裝玩伴　史瓦西神父……97
柯爾貝的文化顧問　讓．沙柏林……100

蒙特斯龐夫人的毒手藥后 法蘭索絲．菲拉斯特……102
路易十五的煙火師 佩托紐．魯傑里……105
路易十五的御用思想家 法蘭索瓦．魁奈……108
讓路易十六走上絕路，並讓米拉波從萬神殿被趕走的鎖匠 法蘭索瓦．嘉明……111
押解路易十六從瓦雷訥返回巴黎的人 熱羅姆．佩蒂翁……114
路易十六的假兒子 卡爾．威廉．南鍺夫……117
路易十七的監護人 鞋匠安東尼．西蒙……120
瑪麗．安東妮的巧克力師傅 蘇璧．德波芙……122
瑪麗．安東妮的劊子手 亨利．喪送……125
丹東的雕刻家 克勞德．安德烈．德森……127
拿破崙的廚師 杜南……129
拿破崙的製糖師 班傑明．德樂賽……131

為瑪麗．路易絲接生的婦產科醫師 杜布瓦……133
路易十八的通靈師 湯瑪士．馬丁……135
諷刺路易．菲利普的漫畫家 查理．菲利朋……137
拿破崙三世的牙醫 湯瑪士．W．艾凡斯……140
艾福．德．法驢的心靈導師 杜邦祿神父……143
儒勒．格雷維的西洋棋友 查理．路易．德．肖塞斯．德．弗雷西內……145
為歐仁．鮑狄埃的《國際歌》譜曲的作曲家 皮埃爾．狄蓋特……147
舉發無政府主義者法蘭索瓦．哈發卓的咖啡廳服務生 儒勒．雷候……149
指控德雷福斯的刑事專家 阿方斯．貝蒂榮……152
為菲利．福爾進行臨終祝禱的神職人員 雷諾神父……154
差一點成為貝當元帥岳父的人 萊昂．賀佳……156
自尊心受創掌摑萊昂．布魯姆的劇作家 皮野．韋伯……158

與尚．饒勒斯在上弦月咖啡同桌共餐 皮野．雷諾德……160
喬治．克里孟梭的牙醫 亞瑟．胡根史密特……162
救了保羅．德沙內爾一命的鐵路工人 安德烈．哈多……165
加斯東．杜梅格的拉丁文老師 阿鮑齊特牧師……168
挑釁保羅．杜美 路易．巴爾都……170
邱吉爾的保母 伊莉莎白．安．埃佛勒斯……172
墨索里尼的理髮刮鬍師 路易吉．伽白尼……174
希特勒的鋼琴師 恩斯特．漢斯塔格……177
向希特勒說不的女演員 凱特．馮．納吉……183
戴高樂的祕書 伊莉莎白．德．米莉貝……186
加斯東．德費赫的黑道保鑣 多明尼克．梵杜里……188
約翰．甘迺迪的最佳敵人 大日本帝國海軍花見弘平少佐……190

前言

回想你最愛的一部電影：有好劇本、優美影像、精彩劇情和強大的英雄人物……現在實驗一下，把所有配角和臨時演員拿掉。

如何？原本的經典畫面是不是突然變得很空虛？

正是基於這樣的想法，我們決定從世界歷史的陰暗角落中，找出這些被歷史課本和後世所遺忘，卻曾在歷史偉人身旁扮演一定角色的小蝦米。

一般來說不會想到，但戴高樂一九四〇年六月十八日發表的著名《告法國人民書》（又稱為六一八宣言），的確曾由一位女祕書用打字機謄寫出來；聖女貞德也曾由一位男性帶領，才能來到查理七世身旁，鼓勵他奮勇對抗英國人；而路易十四非常有特色的假髮，其實也是一位造型師的創作……

人們往往專注迷戀於名人的豐功偉業，然而本書卻點明沒有這些小人物，就不會有大歷史的事實，也因此，我們每一個人實際上也都可以是歷史的創造者。留不留名倒是其次。

你看你看，那位站在拿破崙身邊的，不就是你的曾曾曾祖父嗎？你們的故事也說來聽聽吧！

拉美西斯二世的建築師
巴肯聳蘇（Bakenkhonsou）

拉美西斯二世（Ramsès II），西元前十三世紀，埃及法老王。

偉哉法老

拉美西斯二世之所以成為眾人最熟悉的埃及法老王，並不僅僅是因為克里斯提昂・賈克①以其為主角，寫了一套五部的暢銷小說，更因為他在位期間是所有埃及學家公認的古埃及輝煌盛世。有人甚至給他取了個「上古時代拿破崙」的綽號，可見一般。

這一切或許得歸功於他在戰場上的表現。更正確來說，得歸功於他善於張揚自己的戰功彪炳。因為若認真考究起來，他面對西台人（Hittites）所獲得的那場勝利，外交因素可能遠大於軍事層面。當然，這也是很不錯啦，只是拉美西斯二世在他所建的所有神殿之中，卻總是不斷吹牛。不過，這也是他老人家的權利。可以確定的是，拉美西斯二世的確蓋了許多宏偉建築。擴建卡奈克（Karnak）、盧克索（Louxor）和阿拜多斯（Abydos）等神廟的是他，從山壁中雕出來阿布辛貝神殿（Abou Simbel）的仍是他，就連國王谷（Vallée des Rois）中的拉美西姆祭廟（Ramesseum）也還是他老兄。

太陽、星星、月亮、人

拉美西斯二世這位仁兄如此深愛宏偉的建築，身邊當然少不得一位功力深厚的建築師。於是，巴肯登蘇出場了，噹噹噹噹。話說當時的宗教領袖，下班之餘也兼做營建業。「小巴」剛入社會，先是擔任了拉美西斯二世父親的馬廄負責人，後來才半路出家成為神職人員，而且侍奉的是國家主神阿蒙（Amon，太陽神）。不過巴肯登蘇這名字的原意是「登蘇（Khonsou，月神）之靈」，只能說人家爸媽會取名字（大誤）。

巴肯登蘇最厲害的地方在於他完全搞懂一件事：佛要金裝，宏偉聖殿才能撐起神明的法力無邊。於是西元前十三世紀中葉，他找來了最好的木匠總監、金匠大師及各種職人，正式掌管盧克索神廟的建築工事。時至今日，人們還可以在巴黎協和廣場上欣賞他當初為神殿立下的方尖碑。

①里斯提昂・賈克（Christian Jack），一九四七～，法國作家、埃及學家。

亞歷山大大帝的大管家／大內總管
查睿・德・米蒂利尼（Charès de Mytilène）

亞歷山大大帝（Alexandre le Grand），西元前三五六年～前三二三年，帝王、軍事將領，曾建立橫跨歐亞非三大洲的帝國。

專業繼承人

亞歷山大三世從生下來就被母親灌迷湯，說他是神人下凡，是眾神之王宙斯（Zeus）和英雄阿基里斯（Achille）的後代。此外，他本人又喜歡喝酒（黃湯，迷湯的另一種），因此可以說他從頭到腳就是一個自命不凡的傢伙。話說回來，他的確是一名厲害的征服者。他的老師們包括亞里斯多德，曾教他讀《伊利亞德》（*Illiade*），讓他一邊培養軍事長才，一邊學會欣賞藝文。

二十歲登基成為馬其頓國王後，他繼承父親的遺志想要統一希臘，企圖壓倒波斯，甚至將勢力範圍延伸到印度一帶。

在成就偉大的路途上，亞歷山大就像所有英雄一樣，需要一位大反派、死敵來襯托，那就是波斯王大流士三世（Darius III）。亞歷山大多次的攻城略地，往往都是為了追著喜歡腳底抹油、四處逃竄的大流士跑。最後，大流士竟然被自己人幹掉，而終於追上他的亞歷山大，卻只來得及為他送終。於是，亞歷山大在為他舉辦了盛大的畢業趴之後，遂取而代之並誓言為可敬的敵人報仇。

遺產之一

亞歷山大從大流士手中繼承的，不僅有黃金、衣服、寶藏，還有……查睿．德．米蒂利尼這位大內總管，負責服侍君王的飲食起居。他也負責安排外賓晉見國王，並且用波斯不拎不拎那一套，將其君主照顧得服服貼貼。這位信臣不僅受過良好教育，而且逐漸對亞歷山大佩服得五體投地，於是他決意為後世記錄下新主人的故事。如今，我們能夠知道亞歷山大是享樂主義者、知道他的心裡依然住著一個小男孩——詳見亞歷山大和其夥伴的蘋果大戰——靠的正是查睿．德．米蒂利尼一字一句寫下、整整十冊的《大帝之我見》。該書也成為普魯塔克[1]後來撰寫《希臘羅馬名人傳》（*Vies des hommes illustres*）時，取之不盡、用之不竭的資料來源。

[1] 普魯塔克（Plutarque），羅馬時代的希臘作家。

西塞羅的出版商阿提庫斯（Atticus）

西塞羅（Cicero），西元前一〇六年～前四三年，羅馬著名演說家。

希臘筆友

西塞羅雖說是羅馬時代演說家的代表，但其實他也喜歡寫作。在那個沒有即時通訊軟體和簡訊的年代，好朋友還是存在的。而且儘管沒有現代科技，他們也一樣喜歡互相聯絡，甚至一天好幾次也在所不惜。當然他們是藉由寫作來通訊，很老派吧！西塞羅最好的筆友叫做阿提庫斯，是一位銀行家族的富二代，多金、有文化而且懂得及時行樂。他的人生觀恰巧和好友西塞羅相反，前者完全不過問國家大事，而後者卻積極參與羅馬的政治。

阿提庫斯寧可避開政治的動盪、到處結交朋友，於是他決定去希臘，而且一去就待了二十年。阿提庫斯這個名字的由來，正是因為他長期居住在希臘的雅典城。

大發利市

除了銀行家、地主和角鬥士／神鬼戰士供應商的工作，阿提庫斯還為自己的朋友四處蒐羅古董，成了一位古董商。他的商業頭腦甚至讓他發明了一種新興產業：出版。在他之前，所有作家都必須自己抄寫作品賣給商人，由後者兜售這些親筆手稿以賺取高額收入。阿提庫斯不僅訓練一批奴隸抄書，還發明了一套更有效率的發行系統。既然可以幫你發大財的朋友是最好的朋友，阿提庫斯毫不猶豫就把西塞羅變成旗下的王牌暢銷作家，就連他們倆的大量私人通信也都被他出版公諸於世。當然，他很聰明地沒有把自己寫給西塞羅的信件納入一起出版。

畢竟樹大招風，低調才是幸福之道。

凱撒的德魯伊間諜
狄維夏哥（Diviciacos）

尤利烏斯・凱撒（Jules César），西元前一〇一年～前四四年，羅馬政治人物、將軍，征服高盧亦即現今的法國。

與敵同行

巴諾哈米斯①是你唯一認識的高盧德魯伊②嗎？這其實一點也不奇怪，畢竟有名的德魯伊，除了這位虛構的人物以外，就是愛爾蘭傳說中流傳的那些。歷史上留名的唯一一位真正德魯伊，只有狄維夏哥這位名字意為「復仇者」的愛杜依（Eduen）族人。該族是高盧的凱爾特族，居住地約在現今的勃根地一帶。

身為族人的德魯伊，狄維夏哥負責為眾人求神問卜、趨吉避凶。

在此同時，凱撒於西元前五八年得到羅馬元老院的任命，成為山南高盧（Gaule

Cisalpine）、山北高盧（Gaule Transalpine）和伊利里亞（Illyrie）等地區的軍事總指揮。

某一天，狄維夏哥裝扮成戰士的樣子，擔任族人的外交使節，來到凱撒的軍帳篷外。原來愛杜依族非常擔心日耳曼領袖阿里奧維斯圖斯（Arioviste）的侵略野心，因此尋求凱撒協助其族人對抗該威脅。事實上，自從在此之前幾年狄維夏哥至羅馬央求保護，他就一直是愛杜依族中親羅馬勢力的代表。

兄弟鬩牆

凱撒不僅依約行事把愛杜依族的競爭對手給滅了，還順道剷除了蘇維匯人（Suèves）和赫爾維蒂人（Helvètes）。然而狄維夏哥沒有料到的是，自己的親兄弟杜諾利斯（Dumnorix）竟也加入這場混戰。後者不但是赫爾維蒂國王的女婿，而且設法阻撓羅馬人得到愛杜依族承諾要給他們的小麥，更帶著自己的部隊臨陣脫逃、倒戈相向。而第一個急著捅他一刀、向凱撒告他狀的不是別人，就是親兄弟狄維夏哥。

①巴諾哈米斯（Panoramix），法國漫畫人物，德魯伊。
②德魯伊（druide），凱爾特人中的特權階級，是部落的支配者、王室顧問、神的代言人，地位極高，有點類似巫師、薩滿。

維欽托利的最高行政首長恭維多里達維斯（Convictolitavis）

維欽托利（Vercingetorix），約西元前七二年～前四六年，高盧反羅馬同盟領袖。

維欽托利1：凱撒0

法國人的祖先高盧人並沒有總統。他們的最高行政首長係由各族的德魯伊選出，任期一年，而且擁有判決他人死刑的最高權力。

讓我們再次回到勃根地的愛杜依族。這些親羅馬的高盧人當時正面臨首長職位繼承權之爭。原因是原本的最高行政首長瓦雷迪哥斯（Valétiacos）的任期到了，其胞弟哥多斯（Cotos）想要接任，然而這卻於法無據。而年輕多金、來自顯赫家族的恭維多里達維斯也欲爭奪該職務。正當雙方劍拔弩張、互不相讓之際，凱撒被叫來做裁決，以化解一場內戰的腥風血雨。最終他認可了德魯伊選出的人選，支持恭維多里達維斯接任愛杜依族最高行政首長一職。

維「金」托利

凱撒原以為得到一個新盟友，沒想到卻押錯寶！因為甫上任的愛杜依族最高行政首長覬覦阿維爾尼（Arverne）族的金錢，不惜為此與其結盟，主張對抗羅馬保持高盧獨立。恭維多里達維斯於是串通里達維哥斯（Litaviccos），另一位原本為羅馬軍隊提供傭兵的愛杜依望族，騙傭兵們說羅馬人殺害了他們的一名弟兄。傭兵聽信其言於是和羅馬反目成仇，甚至發生流血衝突。在此同時，羅馬軍隊在晢溝圍（Gergovie）之役也受挫，必須暫時撤退。

最終，恭維多里達維斯與里達維哥斯一同去面見維欽托利，正式確立了盟友關係。於是阿維爾尼族的維欽托利，以對抗羅馬統治的高盧軍事大統領之姿，進入了愛杜依族的首都碧琶德（Bibracte）。

埃及豔后的兩位侍女
莎米昂與伊菈（Charmion et Iras）

克麗奧佩脫拉七世（Cléopâtre），西元前六九年～前三〇年，埃及王后，凱撒及馬克・安東尼的情婦。

集體自殺

當凱撒被刺身亡，羅馬帝國一分為二，分別由他的兩位愛將統治，西部交給他的義子屋大維①，而東部則由其副手馬克・安東尼②掌管。然而當後者沉迷於東方生活及埃及豔后的美色之中，屋大維卻正磨刀霍霍。不久後，他果然在亞克興戰役（Actium）擊敗政敵，成為羅馬帝國的唯一主宰。兵敗如山倒的馬克・安東尼決定自我了結。這位上古時代的「羅密歐」，心想自己的「茱麗葉」克麗奧佩脫拉必然已經殉情，隨手一刀就往自己腹中刺去，沒想到此時克麗奧佩脫拉其實還在陵墓中等他共赴黃泉。在一息尚存之際，馬克・安東尼終於被帶到克麗奧佩脫拉的身旁，再次向她宣示永恆的愛後，死在心愛的女人懷中。

死侍

這時的克麗奧佩脫拉死意已決，只想追隨馬克・安東尼而去。在第一次嘗試失敗後，她向旁人要了一籃無花果，並且暗中吩咐隨侍在籃中藏一條埃及眼鏡蛇，以便了結痛苦餘生。於是，她的兩位忠誠女侍莎米昂與伊菈將籃子放在女王的床頭，讓毒蛇奪去主人的生命。等到屋大維的士兵來到克麗奧佩脫拉的陵寢旁，只見到埃及的女王躺在金床上，全身穿戴整套的王服，頭上戴著冠冕。這正是莎米昂與伊菈兩位忠誠女侍，最後一次服侍主人穿戴整齊的成果，而她們倆也死在埃及豔后的腳邊，在黃泉路上繼續陪伴著女主人。

或許她們是想要在死前最後一次服侍女王吧！而她們的此一舉動卻也將克麗奧佩脫拉的形象永遠固定在最輝煌的樣貌，讓埃及豔后美麗地離開人世，直接步入神話傳說的領域。

①屋大維（Octave），西元前六三年～西元十四年，後成為奧古斯都，是羅馬帝國的開國君主。
②馬克・安東尼（Marc-Antoine），西元前八三年～前三〇年，古羅馬政治家和軍事家，是凱撒最重要的軍隊指揮官和管理人員之一。

斯巴達克斯的主人
藍度盧・巴夏圖斯（Lentulus Batiatus）

斯巴達克斯（Spartacus），生年不詳～西元前七一年，電影《萬夫莫敵》主人翁！原為奴隸、角鬥士，後帶領奴隸起義反抗羅馬。

角鬥士

尤維納利斯①曾說執政者只要給人民「麵包和遊戲」。不過，可別以為羅馬競技場中的競技者和我們現在的足球明星一樣，是自願去參加比賽娛樂民眾的。

讓奴隸們械鬥表演、至死方休的始作俑者是伊特拉斯坎人（Etrusques）。由於這樣的表演形式非常受歡迎，主辦者發現若能替戰鬥者進行訓練，必能增加演出的精彩度，遠比由未經訓練者死纏爛打好看得多。於是角鬥士的戰鬥正式在羅馬競技場上演，隨之而產生的是一種新興職業：角鬥士商人。雖說是商人，但他們其實擁有三重身分，不僅要在奴隸市場挑選其中較精壯的，還要管控監禁他們，並且也得負責將其訓練成驍勇善戰的角鬥士。簡直是魔鬼訓練班班長！

血汗慣老闆

在卡普阿（Capoue）開班授課的藍度盧・巴夏圖斯，每次新生訓練時都會分享自己的座右銘：「要活，誰都可以，但要死得漂亮那才叫做藝術！」

「你說是不是呢，斯巴達克斯？」他總愛揮著象徵自己權威的教鞭問。

來自色雷斯②地區的牧羊人斯巴達克斯是巴夏圖斯最近才買到的新奴隸。他在市場上一眼就看中斯巴達克斯的潛力，因為斯巴達克斯壯得跟頭牛似的。賣方跟他說斯巴達克斯既是浪人也是一名逃兵，這麼叛逆的性格，在競技場上表現一定不俗，所以巴夏圖斯二話不說就買了。只可惜偷雞不著蝕把米，巴夏圖斯沒料到自己這次買到的是叛逆中的叛逆，斯巴達克斯不久就連同幾位同學夥伴，一起密謀反叛逃走。

西元前七三年一個炎熱的夏夜，七十個叛逃者扯斷束縛，立即跑到廚房抄傢伙，制服了看管他們的守衛後，逃之夭夭。從此展開了古羅馬三次奴隸戰爭中規模最大的一次，史稱「斯巴達克斯起義」。

要是沒有巴夏圖斯的「栽培」，或許就沒有角鬥士斯巴達克斯。然而有趣的是，歷史的弔詭卻使得斯巴達克斯留名青史，而巴夏圖斯卻遭到世人的遺忘。

①尤維納利斯（Juvenal），西元一、二世紀的古羅馬詩人，常諷刺羅馬社會的腐化和人類的愚蠢，名言有「監管之人，誰人監管？」、「麵包和馬戲」。

②色雷斯（Thrace），東南歐地區，今保加利亞、土耳其靠近黑海一帶。

克洛維的騎侍從蘭尼塞（Lanicet）

克洛維（Clovis），西元四六五年~五一一年，法蘭克王國奠基人、國王。

神蹟見證者

西元第五世紀接近尾聲的年代，羅馬帝國已經從西方世界消失不見。取而代之的是許多由野蠻人組成的王國。在高盧一帶，占上風的似乎是西哥德人（Wisigoths），不過，別忘了占據北方大半領土的法蘭克人（Francs）。尤其西哥德人畢竟是異教徒，而在這樣兵荒馬亂的年代中，民眾對宗教的寄託，使得天主教的主教們個個成為重要人物，頗有影響力。法蘭克王希爾德里克（Childéric）正是看準這點，所以儘管本身並不信教，卻對天主教會人士頻頻示好、釋出善意。他的兒子也是繼承人克洛維，更在其妻子克洛蒂爾德（Clothilde）的影響之下，進一步鞏固和教會的友好關係，最後甚至自己也改信天主教。

這下子克洛維搖身一變，突然成為天主教在西方的主要宣教者。他藉由個人受洗成為天主教徒，從此將教會與法國王室給緊緊綁在一起：自此以後，國王遂以上帝之名在人間進行統治，而且只有他的直系後代，有權成為王位繼承人。教會甚至賦予他和他的繼承人一項神奇法力，可以用雙手的觸摸治療「結合性頸部淋巴腺炎」。該病症好發於結核病人身上，會在患者頸部產生膿腫，在當時屬不治之症。

政治神話，天方夜譚

蘭尼塞是克洛維最信賴的騎侍從之一，可卻患了結核病，苦於「結合性頸部淋巴腺炎」，而醫生卻束手無策，因為當時的療法是讓患者吞下一條蛇。幸好這時克洛維做了一個夢。夢中他用雙手輕觸自己的忠實夥伴，結果奇蹟產生：膿腫不見了！他醒來之後立即跑去觸摸蘭尼塞的頸部喉嚨。一道白光閃現，充滿了整個房間，蘭尼塞就痊癒了！

還有什麼比這樣的神蹟更能證明克洛維改信天主教，並非只是做做樣子，而是真的得到了上帝的認可？信不信由你，蘭尼塞奇蹟式的痊癒，在世人的面前證明了國王的確從上天手中獲得了救世主般的神力。

查理曼大帝的同窗好友艾因哈德（Eginhard）

查理曼大帝（Charlemagne），西元七四二年～八一四年，法蘭克王國國王，首度統一了西歐大部分地區，為後世的法國、德國以及低地諸國作為一個政治實體奠下了基石，被稱為「歐洲之父」。

有教無類

法國小學生都學過一首歌，所以深信不疑學校是查理曼大帝的發明。大批史學家於是得花費許多力氣矯正這錯誤的觀念。

其實，自從人類發明文字，就已經有學校的存在了！不過，身兼法蘭克王、西方大帝的查理曼的確是「卡洛林文藝復興」（Renaissance carolingienne）的主要推手。直白的說法就是他很重視藝文發展啦！在當時的君主之中這可是非常稀有的。

查理曼大帝其實更在意的是要讓國家強盛，並且讓天主教思想主宰西方世界，為此他發現教育是不可或缺的手段。他的重大創新之一是決定教育不應只為貴族豪門服務，而是該給予一般百姓同樣受教育的機會。

哥倆好，一對寶

話說回來，本篇主角艾因哈德的確出身貴族。藉由老師推薦，讓他有機會就讀皇家學校。該校是查理曼大帝設置、專為養成帝國未來菁英的學校。查理曼本身因為愛好藝文，便直接將學校設在首都阿亨①的皇宮中。他自己也在該校學習拉丁文、希臘文和寫字；此外他也研習天文學、文法和哲學。阿爾琴②身兼校長和查理曼的特別顧問。艾因哈德是他的繼任者和最傑出的門生，同時也是查理曼的同窗好友。

查理曼知道艾因哈德曾鑽研羅馬建築師維特魯威③，於是任命他為首都阿亨重建的總工程師，負責皇宮與大教堂的修建。此外也派他出使負責外交工作。

查理曼和艾因哈德兩人感情頗好，但站在一起的畫面實在很好笑。查理曼是一個巨人，而艾因哈德卻是個矮子，還有個綽號叫「矮子哈德」。

查理曼再偉大也無法事必躬親。啟動所有卡洛林時期重大建設的，其實是兩人合作無間而不是一人之力。可見即便在王權帝制的年代，也不一定是「天無二日，民無二王」。

①阿亨（Aix-la-Chapelle），今德國靠近比利時與荷蘭邊境的城市。
②阿爾琴（Alcuin），約西元七二四年～八〇四年，中世紀英格蘭學者。
③維特魯威（Vitruve），約西元前八〇年～約西元前二五年，古羅馬作家、建築師和工程師。

查理三世「老實者」的維京麻吉羅龍（Rollon）

查理三世「老實者」（Charles III le Simple），西元八七九年～九二九年，西法蘭克王。

移民政策

維京人喜歡冒險，原因之一是因為他們的故鄉農業資源匱乏，且一旦犯錯被放逐，就必須搭上維京船出海，在世界上探險、破壞、征服。他們的船長度從三公尺到二十四公尺，上漆且有雕塑，有船槳也有桅桿，在海上和河流上都可以航行。

法國諾曼第的地名其實和維京人有關，意思是「北方人之地」。原因是卡洛林王朝綽號「老實者」的法國國王查理三世，當時被迫將該地區割讓給維京首領羅龍。

事實上，自從查理曼大帝過世後，法國就一直受到北歐蠻族的侵略。法國城鎮與修道院的財富之於維京人，就像是蜜蜂會被花蜜吸引一樣。而諾曼第地區綿長的海岸線及貫穿其中的塞納河，恰巧是最適合讓維京人叩關後長驅直入的地形。維京人實在太喜歡當地了，遂決定在此定居下來。而法蘭克王國即便努力抵禦，卻仍無法退敵，法國王室甚至為此而顏面掃地。

握手言和，改教換地

查理三世迫於無奈，只能跟維京人上談判桌。幸好，羅龍是可以談話的對象。這位維京首領已經開始入境隨俗。自從他來到諾曼第，便開始和一些法蘭克貴族交起朋友，甚至連女朋友都有了。西元九一一年，雙方簽訂「埃普特河畔聖克萊爾條約」（traité de Saint-Clair-sur-Epte），查理三世冊封羅龍為諾曼第公爵，諾曼第自此成為其領地。相對的，羅龍必須進一步同化，改名為勞勃（Robert），改信天主教並且認法國國王為其宗主，還得抵禦其他蠻族繼續入侵諾曼第。

這一切證明只要努力，就能讓談判雙方的利益結合，促成雙贏。畢竟團結力量大，「老實者」童叟無欺，對吧？

于格・卡佩的雙面間諜
阿達爾貝隆大主教（Evêque Adalbéron）

于格・卡佩（Hugues Capet），西元九四一年～九九六年，法蘭西國王。

臥底

在于格・卡佩之前，卡佩王朝不是卡佩王朝，而是羅貝爾王朝……唔，是不是有點複雜？

實則西元八八八年至八九八年，法國的政局異常動盪，卡洛林家族和羅貝爾家族（巴黎伯爵厄德的家族，其父為強者羅貝爾），輪流掌管了王權。

當卡洛林家族的國王路易五世[1]意外過世，唯有其叔父下洛林公爵查理（Charles de Lorraine）有權繼承王位。然而卻有兩人不樂見由他繼位，一位是靜待機會已經好幾年的羅貝爾家族繼承人，法蘭西公爵于格・卡佩；另一位則是蘭斯大主教阿達爾貝隆。

我是柏林人

這位大主教其實也別有居心，因為他是歐洲派，希望所有人都加入奧托大帝（Othon）所創立的神聖羅馬帝國。阿達爾貝隆與他的心腹，主教學校教務長葛培特（Gerbert）用盡一切手段，欲削弱法國王權，使法蘭西王國被日耳曼鄰國併吞。他們打的算盤是支持于格．卡佩會弱化法國的卡洛林王朝，最後成功讓卡佩登基為王。

只可惜人算不如天算，他們沒料到卡佩王朝後來延續了將近千年，直到法國大革命後才結束。

即便于格．卡佩已登基，下洛林公爵查理仍不放棄，一年後他突然攻占了拉昂②。于格．卡佩雖然試著奪回拉昂卻不得其門而入，下洛林公爵查理仍繼續占據該要塞。這時輪到蘭斯大主教阿達爾貝隆的姪子，拉昂大主教阿達爾貝隆（兩人同名，但教區不同：一為蘭斯，一為拉昂）著急了，因為自己在叔叔死後決定繼承他的遺志輔佐于格．卡佩，沒想到卻惹怒了下洛林公爵查理，把自己的教區給占了！小阿達爾貝隆於是用計騙查理，說只要能讓他回到自己的教區，願意懺悔並且改為效忠查理。查理不疑有他，不僅接納小阿達爾貝隆加入自己陣營，還原諒了他過去輔佐于格．卡佩的事。小阿達爾貝隆見有機可趁，甚至試著說服查理和于格．卡佩和好。

重回拉昂教區的阿達爾貝隆極盡花言巧語之能事，試圖贏得查理的歡心和信心。暗地裡他卻一直觀察查理及其部隊的習慣、換衛兵的時間、各種防禦工事，以及可以從哪些弱點進攻。

終於有天，小阿達爾貝隆趁查理熟睡中，放了奸細進城，並將查理的武器給破壞掉，逮住了這位下洛林公爵。被俘任由于格．卡佩處置的查理只能怪自己識人不明，未能看透雙面人阿達爾貝隆的心機。而隨著查里曼大帝這最後一位後代血親死在奧爾良的獄中，于格．卡佩再也不用擔心，只管專心鞏固他的「卡佩王朝」去了。

雖說「千穿萬穿，馬屁不穿」，但由此可知最要小心提防的就是拍你馬屁的人，可不是嗎？

①路易五世（Louis V），西元九六七年～九八七年，卡洛林王朝西法蘭克王國支系的末代國王，被稱為「懶王」，騎馬打獵時意外落馬致死。

②拉昂（Laon），法國北部城市。

征服者威廉的遺囑執行人蘭弗朗（Lanfranc）

征服者威廉（Guillaume le Conquérant），西元一〇二七／二八年～一〇八七年，第一位諾曼英格蘭國王，史稱威廉一世。

兵來將擋，水來土淹

簡單摘要巴約掛毯（Tapisserie de Bayeux）的內容，把征服英國的過程描述一下。

威廉出生於諾曼第，是個私生子。儘管如此，他仍順利成為諾曼第公爵。某些男爵不服叛亂被他壓了下來。當他決定娶瑪蒂爾達（Mathilde），教宗又有意見，說兩人是近親。不過威廉承諾在岡城（Caen）蓋兩座修道院，再次克服難關。當他的表哥盎格魯—撒克遜國王在沒有繼承人的狀態下死去，威廉主張王位應屬於他。然而哈羅德伯爵①卻搶先繼位。威廉於是必須跨過英吉利海峽，在黑斯廷斯之戰擊敗哈羅德才終於登基為王。不過登基後他的麻煩才開始，因為整個英格蘭都還不太服他。他必須一一解除動亂的危機。

重建大臣蘭弗朗

幸好他有一位智多星蘭弗朗擔任顧問。這位神職人員出生於義大利，卻來到法國阿夫朗什（Avranches）教會學校任教，接著又到貝克修道院（Bec）靜修隱居。在貝克他協助成立的學校非常有名，威廉遂將他調去岡城的聖斯德望（Saint-Etienne de Caen）修道院，也就是他結婚時承諾興建的修道院之一。當威廉順利征服英國，他又把蘭弗朗安插到坎特伯里大主教（Canterbury）的位置上。在那裡，他當然不只是在教學，而是負責重建飽受戰亂之苦的城市，蓋醫院並且提振天主教會的名望。

臨死之際，威廉只信任蘭弗朗為他執行遺囑。一代梟雄在信中囑咐這位大主教，一定要輔佐自己才十三歲的兒子「紅髮威廉」順利登基。最終大主教也不辱使命，完成了任務。

① 哈羅德伯爵（Harold Godwinson），西元一〇二二年～一〇六六年，英國盎格魯—撒克遜時代最後一位國王，史稱哈羅德二世。

路易七世的金主艾伐德巴（Evrard des Barres）

路易七世（Louis VII），西元一一二〇年～一一八〇年，法國卡佩王朝第六位國王。

救援軍

路易七世名留青史的原因，主要是因為他讓自己與亞奎丹的艾莉諾①的婚姻被宣布無效，結果讓她投入英格蘭國王亨利二世②的懷抱。這場聯姻至少造成了英法百年戰爭，甚至是後來英法兩國幾百年不睦的原因。

比較少人知道路易七世曾參與由聖伯爾納多③號召的第二次十字軍東征。

皇家銀行

聖殿騎士團（Ordre du Temple）有多夯，光看好萊塢直到現在還拿來當題材拍電影就知道。

但其實他們前前後後也就運作了兩個世紀而已，跟他們在當時以至於後世的影響力相比，似乎短了點。

艾伐德巴這位非常虔誠，甚至已到了神祕主義地步的第三位聖殿騎士團團長，對該團傳奇的建構可謂功不可沒。他和他的騎士弟兄們不僅在安納托力亞[4]救了路易七世一命，更重要的是他的一項決定，成為後來聖殿騎士團傳說中關鍵的一環：他借錢給法國國王，讓他有盤纏回家，並且從第二次十字軍東征的災難性失敗中復原。借款金額達到白銀兩千馬克，相當於法國王家領地年收的一半，實在不少。

艾伐德巴只是坐船去了一趟阿卡[5]就把鉅額湊足，並以聖殿騎士團的名義，借給了阮囊羞澀的法國國王。

贏得了這樣一位高知名度的客戶，身為聖殿騎士團團長的艾伐德巴，堪稱是精明的金融家，而且做了一筆相當成功的長期投資，畢竟路易七世從此不只欠了艾伐德巴一筆鉅款，還欠了他人情。

從此，聖殿騎士團遂成為國王、貴族和富商的銀行家，而他們所累積的鉅額財富頓時也成為所有人垂涎覬覦的對象。

①亞奎丹的艾莉諾（Aliènor d'Aquitaine），西元一一二二年～一二〇四年，先後成為法國和英國王后。
②亨利二世（Henri II de Plantagenêt），西元一一三三年～一一八九年，創立的金雀花王朝，是英格蘭中世紀最強大的一個封建王朝。
③聖伯爾納多（St. Bernard de Clairvaux），西元一〇九〇年～一一五三年，修道改革運動的傑出領袖，被尊為中世紀神祕主義之父，也是極其出色的靈修文學作家。
④安納托力亞（Anatolie），今土耳其一帶。
⑤阿卡（Acre），今以色列境內城市。

腓力二世・奧古斯都的兒時玩伴
雷諾・德・布洛涅（Renaud de Boulogne）

腓力二世・奧古斯都（Philippe II Auguste），西元一一六五年～一二二三年，法國卡佩王朝名君之一。

慾望無窮

雷諾・德・達馬丁（Renaud de Dammartin）從小就在宮廷中長大，年紀也和未來的法國國王腓力二世・奧古斯都相當，兩人因此交好。等到成年，國王立即封他為騎士，甚至想把表妹賜婚給他。然而雷諾的野心極大，拒絕了這門婚事，因為他想娶一個能帶給自己更高頭銜的妻子，最後也如願成為布洛涅伯爵，改名為雷諾・德・布洛涅。不過，這樣還不夠，他在自己的領地中不斷壓榨教會、周邊領地，甚至連國王的算盤也敢打，讓自己成為全法國最有權勢的貴族之一。他的生活奢華糜爛，享樂來者不拒，卻仍然不滿足。

利慾薰心

在法國卡佩王朝和英國金雀花王朝（Plantagenêt）的生死搏鬥之中，雷諾選擇支持英國王室。他不僅毀壞了自己向法國國王效忠的承諾，還向其敵人「無地王」約翰[1]稱臣，只因為覺得自己在英國比較有發展。甚至，他更進一步密謀串通英國國王的盟友：神聖羅馬帝國皇帝鄂圖四世（Otto IV de Brunswick），和另一位法國叛徒霏杭・德・法蘭德斯（Ferrand de Flandre）伯爵，一起攻擊法國。

具有決定性的布汶戰役[2]發生於一二一四年七月二十七日，雷諾誓言親手殺了自己五十多年來的朋友腓力二世・奧古斯都。然而世事難料，這場戰役最終成為腓力二世・奧古斯都一生最大的一場勝利，雷諾・德・布洛涅則落馬被擒：他的臉部受到重傷，被迫投降。最終，這位叛徒的下場異常慘烈，終其一生被鍊在獄中，過著生不如死的日子。

這樣看來，布汶這場歷史上的決定性戰役，竟是這對老朋友算總帳、解決私人恩怨的契機。

① 約翰（Jean sans Terre），西元一一六六年～一二一六年，英格蘭國王。他父王把在法國的領地全部授予幾位兄長，沒有領地可以封給約翰。

② 布汶戰役（Bouvines），決定中世紀歐洲權力版圖的戰役。法蘭西國王王權大為擴張，並確立了法蘭西王國的強國地位，標誌英格蘭的安茹帝國崩解，更讓神聖羅馬帝國由盛轉衰。

聖路易的貼身男僕兼外科醫生
皮野・德・拉・伯斯（Pierre de La Brosse）

聖路易（Saint Louis），西元一二一四年～一二七〇年，法國卡佩王朝名君之一。

大內高手

皮野・德・拉・伯斯出生於都蘭（Touraine）地區，是一名小貴族。其父親在宮廷謀得一低階職位，皮野於是跟著他進宮，他的哥哥紀優姆（Guillaume）也成為負責供應法國國王麵包的官員。這聽起來沒什麼，在當時卻是非常光榮的職位。至於皮野則成為聖路易王路易九世的貼身男僕兼外科醫生。說是外科醫生，但其實並不需要做開心手術，而是為國王刮鬍子理髮，或為他包紮小傷口、按摩痠痛部位等。因為表現不錯，他逐漸向上攀升，最後成為大內總管。

在選擇未來靠山的眼光方面，皮野也順利押對寶，和路易九世的二兒子腓力始終保持良好關係。而後，由於太子比聖路易更早逝世，父王過世後，腓力自然登基為王，史稱「勇者」腓力三世①。

潮起潮落

皮野從理髮起家，逐漸獲得可觀的政治權勢，不僅成為國王的個人顧問，也順道累積不少財富。飛黃騰達的路上當然也得罪了一些人。對於國王身邊所有汲汲營營的人而言，拉．伯斯逐漸成為必須擊垮的目標。在宮廷鬥爭之中，這位大內總管也逐漸遭遇到腓力第二任妻子瑪麗．德．布拉班特（Marie de Brabant）的挑戰。

宮廷鬥爭的險惡絕不亞於戰場上的廝殺，拉．伯斯最終因為太子死亡事件而敗北。話說有天晚上太子被人發現死於毒藥，宮廷大內總管指控凶手是惡毒的繼母，王后卻反咬皮野才是幕後指使者。腓力三世頓時猶豫不決，不知該相信誰。國王最後只得請一位女先知開示，結果漂白了王后的罪嫌。王后脱罪後要求國王懲處誣告抹黑她清白的皮野。於是皮野．德．拉．伯斯在刑場被吊死，結束了大內高手鬥爭弄權的一生。

①「勇者」腓力三世（Philippe III le Hardi），西元一二四五年～一二八五年，卡佩王朝第十位國王。

「美男子」腓力的金主畢許與穆許（Biche et Mouche）

「美男子」腓力四世（Philippe IV le Bel），西元一二六八年～一三一四年，法國卡佩王朝名君之一。

賦稅禿鷹

時至今日，西歐的文明病之一是營養過剩，然而過去法國人也曾飽受飢餓之苦。法國國王「美男子」腓力四世在位期間，便曾面對飢荒的窘境。當時連年欠收，造成人民因為沒東西吃而相繼死亡。

就如同遭遇瘟疫時期一般，死去的人們就倒在路邊，墓園甚至難以接收所有的亡者。

「美男子」腓力想出來的對策以改善國家財政為核心。他讓幣值貶值，並花費許多心思設計新的稅制增加稅收。

養金雞母

各地的酒館之中，躁動反叛之聲四起。有人把一切的過錯都推給義大利的商人和銀行家。因為西元一二九〇年，腓力四世將國家財政交給了兩個義大利銀行家，艾畢左與穆伽多・桂迪・佛朗切吉（Albizzo et Musciato Guidi Di Franzesi），一般法國人念不出義大利文，遂給他們起了個綽號叫做「畢許與穆許」（法文意為「母鹿與蒼蠅」）。

兩位銀行家當然有一套完整的生財之道。他們先是鉅額貸款給國王，然後自己提款償還自己，因為除了借錢，他們還負責徵收稅金。

鑑於「美男子」腓力正是滅了聖殿騎士團，將其財產沒收的國王，即便再單純的人也不難想像「畢許與穆許」應該涉入該案甚深。畢竟這一手可是直接讓他們的競爭對手捲鋪蓋走人。

他們顯然比其他人更早理解到壟斷市場的重要性。既然得到特許，確定可以直接第一順位、用稅金來償還自己借給國王的鉅款，即便讓法國陷入負債陷阱，又何樂而不為呢？

馬可・波羅的影子寫手
比薩的魯斯蒂謙（Rustichello de Pise）

馬可・波羅（Marco Polo），約西元一二五四年～一三二四年，威尼斯商人，經由絲路與元朝通商，後撰寫在遠東所見所聞傳回西方。

會說故事的人

尼可羅（Nicolo）與馬提歐・波羅（Matteo Polo）是一對來自威尼斯的兄弟兼合夥人。兩人因做生意踏上絲路，邁向遙遠中國。回到義大利時，他們帶了一封中國皇帝寫給教宗的信。之後他們帶著教宗的回信，再度踏上通往北京的旅途，順道也帶著尼可羅十七歲的兒子馬可同行。在亞洲的尋奇之旅結束後回到義大利，時間一晃就是二十四年過去了。

回到歐洲的一行人卻不巧遭遇熱那亞（Gênes）和威尼斯的戰爭。在經歷過大元蒙古的金碧輝煌後，馬可竟然啷噹入獄，只能和一位二流作家共享牢房。這位比薩的魯斯蒂謙原本專寫亞瑟王傳奇之類的騎士文學，他向同在牢中的馬可說自己用法文寫作，為的是讓更多人可以閱讀自己的著作。馬可一聽眼睛為之一亮，這正是他要的。因為先前雖然已經有探險家寫過旅遊紀實，但用的都是拉丁文。假如魯斯蒂謙能用法文為他撰寫回憶錄，必能觸及更多人。

暢銷作家馬可．波羅

這位東西探險家的計畫果然成功，《馬可．波羅遊記》非常受到歡迎。這本中古世紀時期對東方的第一手描繪紀錄，不僅是創舉而且被抄寫再抄寫，不斷傳遞到歐洲各處，也被譯為各種語言。不過，隨著版本增加，各種書名也一一出現：《世界描繪》、《尋奇之書》、《世界百萬奇觀》……馬可甚至因而被討厭他的人，戲稱為「百萬先生」（Il Milione），因為他們懷疑他的所見所聞。也許，馬可．波羅其實只到了黑海，然後道聽途說了些波斯水手的故事吧？又或者是比薩的魯斯蒂謙，又用他那習於杜撰故事的文筆，將馬可．波羅的敍述給美化了吧？無論如何，兩個世紀後的克里斯多福．哥倫布[1]和瓦斯科．達伽馬[2]，可都是把《馬可．波羅遊記》當作聖經一般。

①克里斯多福．哥倫布（Christophe Colomb），西元一四五一年～一五〇六年，探險家、殖民者、航海家，四次橫渡大西洋，並且成功到達美洲，發現新大陸。

②瓦斯科．達伽馬（Vasco de Gama），西元一四六九年～一五二四年，葡萄牙著名航海探險家，人類歷史上第一位從歐洲遠航到印度之人。

查理五世的財政大臣
于格．歐布里歐（Hugues Aubriot）

「英明者」查理五世（Charles V），西元一三三八年～一三八〇年，瓦盧瓦王朝（卡佩王朝支系）第三位國王。收復了多數淪陷於英軍的領土，逆轉了百年戰爭第一階段的戰局，從而使法國得以復興。

城堡？監獄？

自從打倒叛徒艾蒂安．馬賽爾①，以勝利之姿重新回到巴黎，查理五世就愛上了這座城市。不過，美中不足的是城外郊區仍有許多強盜匪類橫行；雖說如此，但講到對法國王室的威脅，盜匪顯然比不上英國侵略者，畢竟當時英法百年戰爭正如火如荼進行中。儘管活在城中，有祖先們築起的城牆保護，但查理有時仍缺乏安全感。於是，他命令財政大臣兼巴黎行政首長于格．歐布里歐修築城牆，加強巴黎城的防禦工事。

歐布里歐奉命蓋了連結巴黎左右兩岸的聖米歇爾橋（Pont Saint-Michel）、兑換橋（Pont au

Change）和小護城門堡（Petit Châtelet）後，又開始動工建造巴士底城堡。他呈給國王的設計圖中，這座宏偉的長方形城堡長六十六公尺、寬三十四公尺，城牆的高度更高達二十四公尺，而且有完整的城牆串起八座高塔，士兵可以居高臨下，直接在城牆頂端巡邏。不僅如此，城牆的厚度在底部達三公尺，即便最上層也仍有八十公分。最後，還在城牆外挖了一圈完整的護城壕溝，寬二十五公尺、深八公尺。

查理國王非常滿意遂批准了這座城堡的興建，因為這樣一來他在聖波羅的別墅就有一座要塞保護，也可以讓他遠離市中心那令人作嘔的臭氣。

作繭自縛

一三七〇年四月二十二日，在于格．歐布里歐的主持之下，進行了「聖安東萬城堡」（chastel Saint-Antoine）的破土儀式。

一切進展得很順利，國王也對歐布里歐的城防政策滿意極了。於是，歐布里歐從此平步青雲，不僅封官進爵而且名利雙收，成為國王面前的大紅人。

可惜好景不常，正當歐布里歐的聲勢如日中天之際，查理五世的駕崩有如晴天霹靂。頓時間所有眼紅忌妒歐布里歐的人都開始打擊他。原本只是傳聞他對宗教儀式並不熱中，此時一經渲染瞬間被說成是異教徒，對猶太人的一項寬容政策更讓他被主教法庭控訴是在「縱容巫術」。這一來他首先被逐出教會，後來更被宣判終身監禁「黑牢之中，過著僅有麵包和水」的日子。他便是後來大名鼎鼎的「巴士底監獄」建造者，也是傳說中的第一名囚犯，當時的巴士底甚至還不是監獄。

①艾蒂安．馬賽爾（Etienne Marcel），約西元一三〇二年～一三五八年，巴黎商人行會行首，保護城市工匠和行會成員的利益。百年戰爭期間一度掌握巴黎市統治權，發布《大法令》限制法國國王的權力未獲得成功，被刺身亡。

查理五世的總工程師聖殿雷蒙（Raymond du Temple）

查理五世（Charles V），西元一三三八年～一三八〇年，瓦盧瓦王朝法國國王。

建築者

查理五世在位期間的重大建設，並不僅止於巴士底的建造。

雖然很喜歡聖波羅的別墅，但為了處理國家大事，他仍不時需要移駕到「羅浮宮」辦公。只可惜，當時的羅浮宮並不像現在大家所看到的一樣，與其稱之為皇宮，還不如說是軍事要塞比較貼切。偏偏查理是一位注重生活品質與美感的君王，對其每日的工作、生活起居地點尤其要求。

所以他找來自己的「土木工程監工師傅」聖殿雷蒙，賦予他將「羅浮碉堡」改造為「羅浮宮」的任務。

來自威尼斯、西方文學史上首位女詩人克里斯蒂娜・德・皮桑（Christine de Pizan），當時也跟著身為占星家的父親來到法王查理五世的宮廷中，是她首次稱呼聖殿雷蒙為「建築者」（architecteur）。這個字後來也成為法文「建築師」（architecte）的字根起源，是該行業第一次出現在法語中。

偉哉羅浮宮

雷蒙將南側與西側的原有居住空間墊高，並將城牆給挖出許多洞窗，改善採光也讓國王得以欣賞塞納河畔的風景。同時他也為皇宮增建了兩座新建築體，其中北側那一棟最引人注目的，莫過於一座螺旋狀的雕刻裝飾樓梯，在當時可說是獨一無二的設計。被暱稱為「大螺絲」的這座螺旋梯直徑五公尺，高二十公尺，可從地面樓通往天台以及三、四樓。這座國王專屬的私人梯坐落在高塔之中，不僅隱密，而且可以直抵國王的私人起居空間。然而興建這座螺旋梯所需要的石材卻異常的多，多到聖殿雷蒙最後迫不得已，必須到巴黎市中心最老的墓園「無辜者墓園」（cimetière des Innocents）中「就地取材」。

查理六世的救命恩人消防員德．貝里公爵夫人（Duchesse de Berry）

「瘋子」查理六世（Charles VI），西元一三六八年～一四二二年，瓦盧瓦王朝法國國王。

國王瘋了？憲政危機？

法國國王查理六世難道是瘋子嗎？剛繼位時的表現倒是非常好，有魄力、高尚卻不傲慢，他作為國王的第一項政策就是宣布接下來會親自掌權，處理國家大事。國王先是把企圖攝政的一堆叔叔們趕走，並把父王身邊的重臣顧問請回來輔佐自己。這樣一來親王叔父們當然很不爽這群人，因此故意戲稱他們是「丑矮人們」。

查理六世的另一項重大公關政策，是在正式場合向所有巴黎人介紹自己的王后，並且為其加冕。

然而接下來他與皇后卻接連失去了兩個孩子，是傷心過度讓他的腦袋終於出了問題嗎？因為往後他的表現越來越怪。首先是一次晚會結束後，一位不知分寸的人竟冒犯了國王的朋友。查理六世為了懲戒對方便帶了一群幫手親自出馬。沒想到在路上，國王竟突然發狂對自己人發難，不僅殺了己方四人，還讓自己唯一的親弟弟路易奧爾良公爵①重傷。發作之後，查理被帶去看醫生，眾人卻束手無策，因為患者完全崩潰癱瘓，不記得自己做了什麼。

「裙帶」關係

國王第一次發作後的六個月，情況依然沒有改善，而且這次是在伊薩博女王②閨密好友的婚禮宴會上。為了慶祝大夥辦了場「異國情調」的舞會，由國王和死黨們裝扮成「野人」，身上還用瀝青黏了許多麻布做的野毛裝。這時路易奧爾良登場，他來到宴會時已經多喝了幾杯，一時眼花撩亂。為了找到王兄查理，他拿了一根火把，湊到野人們的臉旁想看清到底誰是誰，沒想到身體一晃跌了一跤不打緊，火把竟然燒到了一個「野人」身上。這下簡直天下大亂，因為野人們可是飾演被綁在一起的俘虜，所有人身上的毛頓時都著火燒了起來！幸好在場有一位查理國王的「小阿姨」德・貝里公爵夫人。她儘管才十四歲，輩分卻比國王高，更重要的是人非常機警，她立刻抓住已經起火的查理，用身上的裙子趕緊滅火，讓國王免於被活活燒死。

整起事件史稱「火熱者之宴」（bal des Ardents），一共死了四個「野人」。

全身衣物著火，被燒得衣不蔽體的查理國王從「小阿姨」的裙中爬出來後，臉上卻帶著詭異的笑容，叫道：

「好美的火花呀！它們剛才遍布整個舞會呢！但現在去了哪裡呢？」

原來國王簡直像被鬼遮眼一般，竟然只顧著欣賞火場，完全不知道自己剛才九死一生，能撿回一條命完全得歸功於小阿姨的英勇舉動。

①路易奧爾良公爵（Louis d'Orléans），西元一三七二年～一四〇七年，查理六世之弟，曾任法軍統帥對抗英國人，被英國刺客刺殺。

②伊薩博女王（reine Isabeau），約西元一三七〇年～一四三五年，查理六世的王后。

查理六世的專屬巫師
阿諾．紀優姆（Rustichello de Pise）

查理六世（Charles VI），西元一三六八年～一四二二年，瓦盧瓦王朝法國國王。

巫師下蠱？

「火熱者之宴」過後五個多月，眾人依然對查理六世的心理狀態議論紛紛。他雖然記得自己隨侍僕人的名字，卻不記得如何解小便。

此外，他也不懂為何所有人都叫他「查理」，他明明就叫喬治啊！大家怎麼都叫錯呢？他甚至不記得自己已婚，而且有了孩子。因此，每當在餐盤或家具上看到自己和王后的家徽一起出現，國王就會無名火起，想要拼命將其刮除。當太太伊薩博女王接近他，國王就向隨侍說：「這礙眼的女人究竟是誰？給我搞清楚她到底要什麼？別讓她一直出現煩我！」

相反地，他卻非常喜歡自己的弟媳，路易奧爾良的太太瓦倫蒂娜（Valentine Visconti），還稱她為「我最親愛的妹妹」。宮廷之中頓時一片譁然，認為是瓦倫蒂娜對國王施咒下蠱，還因此把她趕出皇宮，不准她再出現。

術士神棍

為了解救國王不受蠱惑，眾人遠從數百公里外的吉耶訥（Guyenne）省，請來了一位據說很厲害的巫師阿諾．紀優姆。他果然鐵口直斷地證明了國王是被下咒無誤。幸好，他的法力無邊，只要說出解咒語，國王就得救了！查理六世的親友們只能抓住這一絲絲見到他康復的希望，完全不顧這位江湖術士的面相不善和粗俗的言行舉止，甚至對阿諾百般禮遇。

事實上，儘管是個幾乎不識字的文盲，阿諾．紀優姆身上卻始終帶著一本書。據他自己所說，那正是他所有法力的來源，讓他得以操控「四行」及其構成的萬物。那是當年上帝在得知亞當痛失愛子時，想安慰他所賜給他的禮物，而且可以藉著神書操控星斗。

每當國王發完神經暫時恢復清醒，這位巫師神棍就說是他的功勞。就這樣，儘管查理六世渾渾噩噩，頭腦不太清楚，但他在位期間四十餘年，一直是法國的「首腦」。

查理六世的撲克牌畫師
賈克明・格林格諾（Jacquemin Gringonneur）

查理六世（Charles VI）西元一三六八年～一四二二年，瓦盧瓦王朝法國國王。

撲克牌的起源

伊薩博女王有天終於受不了「瘋子查理」，於是她找了個年輕正妹奧黛特①塞給先生，自己搬出去住。奧黛特不僅是國王的情婦，同時也是看護和王后的替身，她必須絞盡腦汁提供國王娛樂，好讓國王忘記病痛。這項任務讓她隨時都在找尋新點子、新樂子。

關於撲克牌的起源眾說紛云，有人說奧黛特是從吉普賽人處學得這種遊戲，也有人說是十字軍東征時，軍人返家時從東方帶回來的。

另一種說法是「納伊布牌」（jeu de Naib）是由亞美尼亞人從東方帶到義大利，而後在西歐傳開。遊戲是用畫有人像或符號的紙牌進行，可以用不同的規則玩不同遊戲，甚至可以自創新的遊戲規則。

皇家禮物

為了送給國王符合他身分的禮物，當然要用特別的紙牌。所以奧黛特請了畫家賈克明．格林格諾來畫撲克牌。這項訂單史有銘記，在王室財務長的紀錄中寫道：「訂製三副繪金多色錄製箴言撲克牌，贈與吾王消遣娛樂之用，付與畫家賈克明．格林格諾，巴黎幣五十六元。」

畫師還想到利用宮廷中國王熟悉的人物來繪製撲克牌：所以牌上有國王、皇后、僕人（Valet/Jack）。

查理國王果然愛不釋手，連帶也在巴黎引起一陣風潮。頓時玩撲克牌成為一種社會現象。

詐騙集團當然不會放過這樣的好機會。有一天，一個女人出現在奧黛特的門外，聲稱她可以用國王情婦的紙牌占卜，預見未來。她迫不及待示範，用紙牌揭露所謂的「天機」給國王和他的情婦知道。

不久，整個宮廷都在用紙牌算命。

賈克明．格林格諾或許並未名留青史，但他卻讓查理六世瘋狂的在位期間多了一項「藝文娛樂創舉」。如今所有愛玩撲克牌的人一定不知道，當初這種遊戲是為了娛樂一位中古世紀的失心瘋國王而設計的。

①奧黛特（Odette de Champdivers），約西元一三九〇~約一四二五年，查理六世的情婦，號稱「小王后」。

聖女貞德的嚮導
讓・德・梅斯（Jean de Metz）

聖女貞德（Jeanne d'Arc），約西元一四一二年～一四三一年，原為牧羊女，後成為將領，在英法百年戰爭中率領法軍擊退英軍，成功讓法王加冕。

天堂導航

查理六世瘋了大半輩子，即便過世也要畫下瘋狂句點，他將法國王位送給了英國：按照他的遺囑，在他過世後，王位將由英王亨利五世①及其子孫繼承。

不巧的是亨利五世跟查理六世幾乎同時過世，前者離世時繼位者亨利六世（Henri VI）才十個月大，因此由其叔叔攝政。至於法國這邊，太子查理則占地為王，然而實際掌控的領土卻非常少，甚至因此而被戲稱為「布爾日②小王查理七世」。不僅如此，這位太子簡直是要錢沒錢、要人沒人，情況異常窘迫。

這時，後來的聖女貞德還只是洛琳地區一對農夫的女兒，剛滿十七歲。不過，四年前，也就是她十三歲時，總領天使彌額爾（Saint Michel）、聖瑪格麗特（Sainte Marguerite）和聖加大肋納（Sainte Catherine）等三位天使曾聯袂現身，告訴她她的天命是要把英國人趕出法國，並且讓查理七世順利在漢斯（Reims）正式加冕。

心中滿是困惑又害怕被當作瘋子的女孩，只能試圖忘記天使交辦的任務，然而天使們卻沒有忘記她，不斷在她腦中催促著。終於，她再也瞞不下去。

於是，她向叔叔透露自己其實和上天有語音連線吃到飽，叔叔也帶她去見鄰近城堡的守衛隊長。不過，這位士兵卻建議叔叔別聽信年輕女孩的話。

鐵齒貞德

畢竟天命事關重大，貞德並沒有因而放棄，而是一有機會就往鄰近最大的城鎮沃庫勒爾（Vaucouleurs）跑。終於，有天她遇上了凡爾登附近村落努永蓬（Nouillonpont）的領主讓・德・梅斯。這位年近三十的粗曠戰士被女孩的真誠說服，答應帶她到希農（Chinon）找查理七世。不過，出發前第一件事是讓女孩先改裝，畢竟她身上那件褪色有破洞的舊長裙，實在讓人覺得可憐，況且這趟幾百公里的路程還是扮男裝比較方便。貞德勉為其難答應換裝，讓・德・梅斯於是將手下士兵的一套衣服鞋子給了貞德，還給了她一匹馬。

此外，為了避免被英國人發現甚至攔截，一行人決定夜行日宿。小隊人馬除了隊長讓・德・梅斯，還有貝創・德・布郎吉（Bertrand de Poulangy）、隨從朱里安（Julien）和讓（Jean）以及勾雷・德・維也納（Collet de Vienne）和其弓箭手理查（Richard）。將近兩週馬不停蹄的路程，眾人日間都睡得甚少，只顧晚上拼命趕路。貞德心無旁騖，累了就直接躺在讓・德・梅斯的身旁。至於讓・德・梅斯則說自己太景仰聖女的風範，心中光明磊落、未有遐想。

要是沒有讓・德・梅斯，聖女貞德的傳奇恐怕胎死腹中。當人們爭相紀念聖女貞德六百多年前的事蹟，稱其為法國歷史榮耀的象徵，是否也應該緬懷一下她的同伴戰友呢？

①亨利五世（Henri V），西元一三八六年～一四二二年，英國國王，能征善戰，法國攝政期間戰死。
②布爾日（Bourges），法國中部小鎮。

路易十一的奇蹟製造者
法蘭索瓦・德・保拉（Francois de Paule）

路易十一（Louis XI），西元一四二三年～一四八三年，瓦盧瓦王朝法國國王。

聲名遠播的隱士

路易十一雖然是法國驛站系統的創建者，但人到晚年卻異常偏執害怕，連一封信也不願意收，只因為怕死。當然，在那個年代，國王的年歲的確算是非常高，已經快要六十歲，而且也已經中風兩三次。何況六十歲恰巧是當時百年來歷任法國國王未曾跨越過的壽限，所以路易十一非常擔心自己的未來。

為了躲過死神的追緝，也排遣自己無聊的心情，路易十一想盡各種方法：音樂、輕快的圓舞曲、動物競鬥等等，全都試過……卻仍舊無法讓他分心不去想死亡的宿命。為了尋求宗教上的慰藉，國王開始四處蒐集各種「聖髑」①：來源包括巴黎聖禮拜教堂（Sainte-Chapelle），甚至遠從羅馬運來聖彼得主持彌撒時鋪在聖壇上的鋪巾。

某次，一些路過的拿波里商人向查理轉述，義大利有位叫做法蘭索瓦．德．保拉的隱士神父，是「虔微教派」（ordre des Minimes）的創辦人，更厲害的是據說他有治癒疾病的神力。相關神蹟不乏見證者，商人們也向國王說了幾個，像是失明者因為法蘭索瓦．德．保拉重見天日的神蹟等。

這位隱士身材高大，有點駝背，彷彿身上背著全人類的十字架，身上總是穿著一件深棕色的粗陋毛布袍，並且立誓守貧、幫助窮人。他常在卡拉布里亞和西西里一帶赤腳傳教，累了就席地而睡，一天往往只吃一餐，而且吃素，甚至整天不吃。

路易十一立即深受感召，覺得唯有法蘭索瓦．德．保拉能給他救贖。國王於是寫信給教宗，而後者也很配合地把隱士神父派去有如風中殘燭的國王身邊。

話不必多，到位就好

時間一天天過去，國王的騎侍從讓・摩若（Jean Moreau）終於有好消息回報主人：法蘭索瓦已經踏上法國領土！路易聞言喜出望外！

法蘭索瓦・德・保拉來到布萊錫・都爾（Plessis-lès-Tours）城堡的路上，據說又救了不知道幾個得到黑死病的患者。國王聽了不禁拜服，求他為自己延年益壽，並願意為此捐獻兩座修道院以作為交換。

話雖如此，但法蘭索瓦終究無法讓路易十一起死回生，頂多只能讓他接受死亡。靠著這位神父的開導，原本極度忌諱提到「死亡」兩字的國王，終於認命接受回歸上帝的懷抱。

①聖髑（relique），亦即宗教聖人的物品或遺體遺骨。

路易十一的理髮刮鬍師歐利維・內克（Olivier Necker）

路易十一（Louis XI），西元一四二三年～一四八三年，瓦盧瓦王朝法國國王。

紅得發紫

如同前面提到的，路易十一晚年不僅偏執怕死，甚至可能有被害妄想症。這樣一位仁兄要怎樣才能讓人幫他刮鬍子呢？別忘了，刮鬍師可是拿著利刃在客人的頸動脈附近劃來劃去的職業，一定要是非常信任的人才可以擔此重任。

偏偏路易十一在漫長的在位期間，實在得罪了不少人：不管是貴族、教會、權貴等都有，因此要找到能信任的本國人還真不容易。這位法國國王甚至還為此成立了一支百分之百由外籍傭兵組成的保鑣禁衛軍。他的刮鬍師歐利維・內克之所以能得到信任，或許是因為他來自今日比利時北部的弗蘭德地區也不一定。

兩人其實算是認識得很早，當時路易還不過是一位路過弗蘭德地區、正和父王鬧彆扭搞叛逆的儲君。然而路易卻慧眼識英雄，把內克這位農夫的孫子招至麾下，等到登基為王更把他帶回法國。然而內克卻很快就被法國宮廷人士所討厭，並為他取了「邪門歐利維」和「魔頭歐利維」等不雅綽號。話說回來，刮鬍師既然是國王親信中的親信，當然不會只是成天刮鬍子，國王所有難言之隱卻又得使命必達的任務都會交給他，也難怪眾人不喜歡他。

為了感謝歐利維的忠心，路易不僅將他封為貴族，還賜名樂汀（Le Dain）。此外，國王深知有錢能使鬼推磨的道理，給他的賞金絕不手軟，用名利雙收來形容歐利維絕不為過。他的職務、頭銜更是族繁不及備載：莫蘭伯爵、落什城堡衛隊長、聖克盧橋衛隊長、布洛涅林苑衛隊長、珂貝子爵、聖康坦總督、宮廷貴族、克隆領主兼司法長、刷錫領主、紐沙特鹽倉總管等……然而歐利維並不以此自滿，他的夢想是成為外交大使，他也抓住了一次機會，不幸的是任務卻失敗了。為了報復，從外派駐地要回法國的時候，他攻占了圖爾奈（Tournai）城，結果國王又更寵愛他了。

下半場失手

路易國王逝世前，跟兒子查理八世①極力推薦自己的心腹左右手歐利維，只可惜安妮・德・博熱②攝政期間，歐利維的政敵群起圍攻，誓言一定要讓這位農民出身的暴發戶失勢。結果失去靠山的歐利維最終仍難逃被陷入獄、在獄中被人勒死，並被吊屍示眾的悽慘下場。

他的財富後來被抄家沒收充公，分給了奧爾良公爵（duc dOrléans）。不過，傳聞「魔頭歐利維」的財產絕對不只如此，扣除被抄的部分，還有許多寶藏至今仍埋藏在其位於阿萊堡（Ferté-Alais）附近、塞爾尼（Cerny）的維利耶（Villiers）領地中。

①查理八世（Charles VIII），西元一四七〇年～一四九八年，瓦盧瓦王朝嫡系的最後一位國王。
②安妮・德・博熱（Anne de Beaujeu），查理八世長姊。

法蘭索瓦一世的另類造型師
賈克一世・德・蒙哥馬利
（Jacques I de Lorges Montgomery）

法蘭索瓦一世（Francois I），西元一四九四年～一五四七年，開明的君主，文藝的庇護者，法國歷史上最著名也最受愛戴的國王之一。

標新立異

法蘭索瓦一世在歷史上給人的印象，不光是來自於他對皇宮建築和義大利文藝復興的好品味，他的外型也是重點之一。只要看看他和前任國王路易十二①的肖像，就能立刻感受到極大的不同：新時代來臨了。

然而大家不知道的是，馬里尼亞諾戰役②勝利者法蘭索瓦一世的造型，並不完全是他自己的選擇。

有刺客！

話說某年國王和宮廷在羅莫朗坦（Romorantin）度過主顯節[3]。正當眾人在一片歡笑聲中慶祝時，一位與會者告訴大家，隔壁的豪宅中有一位仁兄竟斗膽稱自己為國王，而且頭上還戴著一頂王冠四處炫耀。

「即便是主顯節，羅莫朗坦也只能有一位國王！」法蘭索瓦一世面帶微笑，高舉著酒杯叫道。

於是國王一行人來到隔壁串門子，看看究竟是誰冒充國王。兩方人馬一拍即合，在歡樂嬉鬧的氛圍中打起雪球仗，就連雞蛋、馬鈴薯也拿來丟向對方陣營。賈克一世・德・蒙哥馬利一時彈盡援絕，隨手拿起爐中的柴火，也不多想就丟出去，結果竟然打到了國王，而且是真的那一位。

這下為了替國王療傷，法蘭索瓦一世的御醫必須將國王的頭髮剃光，好露出患部，而且「傷癒復出」的國王，竟然在下巴部位留下了明顯傷疤。國王唯一能做的就是留一把絡腮鬍遮掩過去。

沒想到國王這麼一做，宮廷中諂媚拍馬屁之徒立即爭相模仿，一時之間短髮絡腮鬍蔚為風潮。

令人感嘆的是，繼賈克一世・德・蒙哥馬利「弒君未遂」之後，他的兒子加百列・德・蒙哥馬利（Gabriel de Lorges Montgomery）幾年後竟在著名的聖安東尼街馬上槍術比賽中失手擊斃了法蘭索瓦一世的兒子，亦即當時的國王亨利二世（Henri II）。這是否算是帶衰的另類子承父志？

①路易十二（Louis XII），西元一四六二年～一五一五年，法國國王，史稱「人民之父」。

②馬里尼亞諾戰役（Bataille de Marignan），一五一五年，法國和威尼斯聯軍大勝米蘭與瑞士，法國得到米蘭地區，瑞士宣布永遠中立。

③主顯節（Epiphanie），天主教重要節日，類似狂歡節。

達文西的徒弟
法蘭茄斯柯・梅契（Francesco Melzi）

達文西（Léonard de Vinci），西元一四五二年～一五一九年，文藝復興時期重要人物，藝術家、科學家、工程師。

愛才若渴

法蘭索瓦一世在馬里尼亞諾戰役獲勝，終結了義大利多年的戰亂。當他來到羅馬欲和教宗簽署和平協議時，後者介紹了一位賓客給國王認識，正是身兼藝術家、畫家、生物學家、數學家、植物學家和工程師於一身的達文西。法蘭索瓦一世立即為達文西著迷。於是，他也不繞圈子，直接向這位奇才提議邀請他至法國，供他吃住並賦予他「國王首席畫家、工程師暨國家機械師」的頭銜。

達文西一家

達文西接受了這項提議並於隔年來到昂布瓦斯（Amboise）的克洛呂塞城堡（château du

Clos Lucé）定居，一行人騎著驢子旅行，行囊中還帶著《蒙娜麗莎》、《聖母子與聖安妮》和《施洗者聖約翰》等名畫。伴隨大師來到法國的還有他的情人沙萊（Salai）、隨從巴蒂斯塔・德・維蘭尼（Battista de Villanis），以及最愛的徒弟法蘭茄斯柯・梅契。不過事實上，自從喬凡尼・法蘭茄斯柯・梅契，這位出身良好貴族家庭的門徒，出現在達文西的生活當中，沙萊可以說是醋勁大發。三人行的共同生活儘管摩擦不少，但好說歹說仍持續下去。

梅契後來有幸得到大師的信任，成為他的遺囑執行官，並且繼承了達文西的藏書、器具、手稿和草圖。

達文西過世後，梅契回到義大利，並在故鄉阿達河畔瓦普里奧（Vaprio d'Adda）的別墅中下定決心，終身致志完成達文西已開始撰寫但未完成的巨作《繪畫論》（*Trattato della pittura*）。經過他本人及兩位抄寫員漫長縝密的工作，終於將大師絕大多數的繪畫理論成功傳遞給後世，可說是為藝術鞠躬盡瘁，死而後已的典範。

凱薩琳・德・麥地奇的理專西庇阿・沙丁尼（Scipion Sardini）

凱薩琳・德・麥地奇（Catherine de Médicis），西元一五一九年～一五八九年，亨利二世的妻子和隨後三任國王的母親，攝政多年。

美人計

經過多年的宮廷歷練，凱薩琳・德・麥地奇終於找到了絕招。在這宗教戰爭爆發、男人只想著打打殺殺的年代，王后發現只要有女性在場，雄性激素睪丸素的濃度被稀釋，大家就會比較克己復禮。於是，王后出巡時總會帶著自己的「女兵團」，這群出身高貴、有個性又有學識、有口才的女性貴族，能夠利用三寸不爛之舌，在談笑間化解腥風血雨。

伊莎貝・德・麗茉（Isabelle de Limeuil）正是其中之一。身為王后的遠房表親，她被召來宮廷中擔任陪伴女官。她不僅人長得標緻，而且性格浪蕩不羈。據說許多有錢有勢的男人都拜倒在她的石榴裙下，包括隸屬新教黨人（Huguenot）的孔代親王①。這難道不是用美人計在策反敵對陣營的大將？凱薩琳・德・麥地奇是否真的把忠心的遠親，當作是派去敵人枕邊的女間諜？無論如何這一切都沒有證據。關於伊莎貝曾墮胎的傳聞也一樣無法證實。

政商聯姻

無論如何，最後凱薩琳將伊莎貝許配給了對自己忠心的「理專」，一位名叫沙丁尼的托斯卡尼人。在長年征戰使得國庫空虛的狀況下，沙丁尼成為凱薩琳無可取代的助手。久而久之，法國的財稅政策落入他的掌握，沙丁尼甚至有權直接發布王令增稅，而國庫和他的私庫當然是相通的。當時的法國王室已將徵收稅額的任務交由沙丁尼代勞，例如酒店、旅館和明礬進口稅都是。

地方仕紳會議發現這樁醜聞想要進行改革時，沙丁尼賄賂了國王讓事情被壓了下來。

一個地方「小法官」看不過去，將西庇阿・沙丁尼以偽造文書和挪用公款的罪名逮捕歸案，這位奸商大臣卻只在牢中吃了頓飯就被釋放了。才僅僅幾個小時，憤怒的亨利三世[2]就立即下令放人，反倒是那位法官被軟禁在家十來多天。

於是憤怒的巴黎人只能用幽默毒舌調侃這位「貪心毒蠍」（讀音近似西庇阿・沙丁尼），用打油詩自娛：「昨日沙丁魚，今成大鯨魚；可嘆法蘭西，養肥小義魚。」

①孔代親王（prince de Condé），西元一五三〇年～一五六九年，新教胡格諾派的代表人物和主要軍事指揮官，宗教戰爭中陣亡。
②亨利三世（Henri III），西元一五五一年～一五八九年，法國國王，被刺身亡後指定盟友亨利四世繼位。

伊莉莎白一世的情報頭子
法蘭西斯・沃辛漢（Francis Walsingham）

伊莉莎白一世（Elisabeth I），西元一五三三年～一六〇三年，英格蘭和愛爾蘭女王，都鐸王朝最後一位君主，亦稱「榮光女王」、「賢明女王」。

代號001

伊莉莎白一世是都鐸王朝亨利八世和第二任妻子安妮・博林（Anne Boleyn）的女兒，也是英格蘭教會的創建者。身處新教（基督教）和天主教之爭的第一線，伊莉莎白一輩子都是陰謀暗殺的目標。鑑此，身邊當然得有一群值得信任的心腹。例如她就任用了法蘭西斯・沃辛漢，這位擁有堅實外交網絡的新教徒，作為她的反情報頭頭。

沃辛漢也的確不負所託，非常有效率地組織起英格蘭當時的情報防諜工作，好幾次救了英國女王的命。

兩位女王之爭

英國史上著名的「巴賓頓陰謀」（complot de Babington）便是一例。安東尼・巴賓頓是當時的英國貴族兼天主教的支持者，他決意要從牢中救出同為天主教徒的前蘇格蘭女王瑪麗・斯圖亞特①，並且暗殺伊莉莎白一世。

然而巴賓頓和其來自羅馬教廷和西班牙同謀間的信件，卻落入了沃辛漢的手中，而且被破解解讀。沃辛漢並未立即收網，反而放長線釣大魚，讓瑪麗・斯圖亞特也加入密謀信件的往來之中。為了掌握政敵密謀叛國的證據，他誘使瑪麗・斯圖亞特在信中明白認可巴賓頓暗殺其表姊伊莉莎白一世的行動。

就這樣，被矇在鼓裡的瑪麗・斯圖亞特，寫了一封信給巴賓頓，證據確鑿後巴賓頓就被五馬分屍了。

叛國罪名確立的瑪麗・斯圖亞特也被判了死刑，最慘的是劊仔手行刑當天竟然酒醉，用斧頭砍了三次才成功讓瑪麗・斯圖亞特斷頭。

儘管現今的007們擁有更多科技設備，讓他們的能力更加強大，然而間諜這一行，可以說從古代就是為達目的不擇手段的世界。

①瑪麗・斯圖亞特（Marie Stuart），西元一五四二年～一五八七年，蘇格蘭女王，一度成為法國王后，回到蘇格蘭後被政敵推翻，被伊莉莎白一世監禁十八年後處死。

查理九世被隱匿的兒子？法蘭索瓦．德．拉哈美（Francois de la Ramée）

查理九世（Charles IX），西元一五五〇年～一五七四年，瓦盧瓦王朝法國國王。

國王有兒子？

奧地利的伊莉莎白（Elisabeth d'Autriche）只當了不到四年的王后。她給法國國王查理九世生了個女娃後不久，丈夫就帶著釀成聖巴托羅繆大屠殺①的悔恨病逝。

一五九六年三月八日，距離查理九世離開人世已經二十二年。期間先是查理的弟弟亨利三世繼位，接著是波旁王朝的創建者亨利四世（Henri IV le Bourbon）：這位新教徒原本並沒有王位繼承權，直到改信天主教後才登基。

然而民間卻有一位年輕人，法蘭索瓦・德・拉哈美，逢人便說自己才是王位的正統血緣繼承人，不像亨利四世，毫無瓦盧瓦（Valois）血緣。

法蘭索瓦強調自己是查理九世和奧地利的伊莉莎白所生，只不過出生後不久就被太后凱薩琳・德・麥地奇奪走，並讓他自生自滅，幸好一位普瓦圖（Poitou）地區的農夫吉爾・德・拉哈美將其收留並扶養長大。

威脅潛伏

不知天高地厚的法蘭索瓦要求在漢斯加冕為王，取代冒牌國王亨利四世。據他所說，是天使下凡告訴他真正的身世。此外，他也常「看」到父親（查理九世）和叔叔（亨利三世）現身，向他證實一切。就連他的祖母（凱薩琳・德・麥地奇）都不時重返人間向他懺悔。根據這位頭腦似乎短路的法蘭索瓦的說法，凱薩琳奶奶當初之所以拋棄他，是因為比較希望自己的兒子亨利在查理之後繼位，所以才對不起他這位孫子。

這樣胡說八道的瘋子本該關進瘋人院，但事關王位繼承權，在當時可是動輒得咎的大事。法官們於是將法蘭索瓦祕密監禁起來，最後判處死刑。

法蘭索瓦被吊死後的屍身甚至被人用火燒掉，畢竟攸關現今主上亨利四世的統治正當性，實在非同小可。

①聖巴托羅繆大屠殺（massacre de la Saint-Barthélemy），一五七二年宗教戰爭期間，天主教國王的妹妹與胡格諾派領袖，也是未來的亨利四世結婚，試圖藉由政治聯姻平息紛爭。最有權勢也最富有的新教徒於是在以天主教徒為主的巴黎聚集，成為了天主教徒將其集體屠殺的契機。婚禮五天之後，刺殺、暴動、屠殺行動展開。

亨利四世的裁縫師與農業專家

巴特雷迷・拉菲馬與歐利維・德・賽荷（Barthélemy Laffemas et Olivier de Serres）

亨利四世（Henri Ⅳ），西元一五五三年～一六一〇年，法國波旁王朝的創建者，將法國從廢墟中重建的國王，被譽為「賢明王亨利」。

振興大業

亨利四世身為一代明君，可不像電影中所見，只是個性慾很強、大力推廣蔬菜燉雞湯的傢伙。他也是將絲蠶養殖引進法國的人，這可不是什麼笑話，而是很重要的一項政策。

事實上，亨利四世登基時的法國，既貧窮而且落後，處境實在堪憂。亨利於是下定決心挽救國家財政、讓商業復甦，才能讓王國有起色。除了決心，或許更重要的是，他願意傾聽專家的意見。

專業治國

巴特雷迷・拉菲馬是從納瓦拉①的宮廷發跡的裁縫師，而後才跟著亨利到了巴黎。期間這位精明的生意人早已開了好幾間店，也拓展了廣闊的商業合作關係，因此他對於振興法國工業和改善社會組織必要的改革，已經頗有想法。亨利四世不僅採納他的意見並且予以重用，任命他為王國的商業總監。國王同時也封他為貴族，這下原本的巴特雷迷・拉菲馬搖身一變成為巴特雷迷・德・拉菲馬・德・波桑伯朗。

亨利四世重用的還有另一位有遠見的農業專家歐利維・德・賽荷。賽荷跟國王一樣是新教徒，他不僅念過大學（在那個年代！），而且買下了阿爾代什（Ardèche）地區的普拉代勒（Pradel）莊園。他親自經營自己的農園，將其發展成當時最先進的農業試驗所。在此，賽荷發現了在同一塊土地上輪流耕種不同植物的好處，也成功栽種遠從中國帶來的桑樹，使絲蟲的養殖成為可能。這項成就引起了拉菲馬的興趣，建議亨利四世注意相關發展。因為先前法國都是高價從外國收購絲，若能自己在國內生產必然較有利。

於是，歐利維・德・賽荷帶著自己寫的農業理論專書來到宮廷中。每天晚上亨利四世都邀請他，在共進晚餐後念一段他的《農業劇場與田園管理》（*Théatre d'agriculture et mesnage des champs*）給所有人聽。可以想像浮華的宮廷食客當時臉上的表情。

國王爾後頒布法令要求所有適合的地區都種桑樹養蠶產絲。光是杜樂麗宮（Tuileries）和楓丹白露宮（Fontainebleau）的庭園中，就種了超過兩萬棵桑樹。

①納瓦拉（Navarre），亨利四世的故鄉。

黎希留的法蘭西學院院士瓦侖丁・鞏哈（Valentin Conrart）

黎希留（Richelieu），西元一五八五年～一六四二年，路易十三的樞密院首席大臣及樞機主教，為路易十四時代的興盛打下了基礎。

張冠李戴

在法國不管問誰，大概都會一口咬定法蘭西學術院（Académie française）是黎希留於一六三五年所創。

實情是當時有一群年輕的作家時常聚集在瓦侖丁・鞏哈的家中，因為鞏哈這位新教徒是掌管出版業務的國王機要祕書，而他的工作就是負責寫特許狀，准許一本書的出版與否。

除此之外，鞏哈的住家位於巴黎市中心的聖馬丁路，因此交通方便，眾人也就漸漸習慣每週在他家聚會一次，變成了個小型俱樂部。聚會時大家會針對彼此的文章著作品頭論足，順便聊聊宮廷中的最新八卦，然後在華園中散散步、吃頓飯……如此愜意的聚會要是消息傳出去，一定會變成全巴黎人趨之若鶩的聚會，因此這群人決定對外絕口不提「登哈小圈圈」的事。

四十而立

然而人多口雜，終於有人洩密。

聚會之事傳到了權臣黎希留樞機主教的耳中。這位心思縝密的政治高手立即邀請這些文人墨客，以正式的官方名義繼續舉辦聚會，並且賦予其制定法文文法和統一詞彙用語的任務。這樣一來，黎希留不僅可以就近監管知識分子，用名利控制他們的言論，更重要的是藉由讓法語變得更一致而通用，來強化法蘭西王國的向心力和中央集權。

登哈於是被任命為新機構的永久祕書長，而俱樂部的人數也被限定為四十人，會員之間的地位絕對平等，沒有層級之分。

一六三四年一次聚會中，眾人決定將新機構命名為「法蘭西學術院」。兩年後會員也就順理成章成為「院士」，這也算是他們對法文的貢獻之一。

黎希留的確精準計算到其中的政治效用，而他也成功地鳩占鵲巢，以至於如今大家都以為「法蘭西學術院」這個不朽的機構是他創立的。

黎希留的首席智囊
約瑟夫・弗朗索瓦・勒克萊爾
（Joseph-François Leclerc）

黎希留（Richelieu），西元一五八五年～一六四二年，路易十三的樞密院首席大臣及樞機主教，為路易十四時代的興盛打下了基礎。

紅與灰

法文中的「首席智囊」（éminence grise）若直譯為中文約略為「灰色大人」，各位看官可知道是為什麼？

這典故其實來自於黎希留樞機主教所重用的一位智多星：約瑟夫・弗朗索瓦・勒克萊爾，這個說法的首次出現是對他的尊稱。

談判專家

事實上，黎希留身為路易十三的首相，本身也是國王的首席顧問，因此也可以被稱為「紅色大人」（他常穿樞機主教的紅色制服，因此被稱為「紅衣主教」）。而顧問的顧問，正是隱身黎希留背後，曾經成功平息以孔代親王為首的親王與大領主之亂，並簽訂朗頓條約（paix de Loudun）藉此穩住路易十三王位的「約瑟夫神父」，亦即約瑟夫・弗朗索瓦・勒克萊爾本人。

之後，他多次參與法國的外交事務，並被派至羅馬教廷，負責和教宗協調出讓歐洲所有天主教和基督教王國放下宗教歧異、休兵止戰的條約。

身為天主教徒和條約的主要擬定者之一，約瑟夫當然不能免俗地偏坦己方陣營多一些。他甚至倡議針對土耳其人再次發動十字軍東征。

其實無論是「瓦爾泰利納之役」①、拉羅歇爾圍城②，所有讓黎希留青史留名的事件當中，幾乎都可以看到約瑟夫神父的影子，而他也甘為歷史的幕後黑手。

身為方濟各會③的一員，他常穿灰色的僧袍，而且在臨終前也成為樞機主教，權力已經和黎希留旗鼓相當。就這樣，他成了一位「灰色（的）大人」，而這樣的說法也流傳了下來。畢竟，佛要金裝，人要衣裝，不是嗎？

①瓦爾泰利納之役（guerre de la Valteline），一六二〇年～一六二六年，義大利北部新、舊教徒之間的一場宗教戰爭。

②拉羅歇爾圍城（siège de la Rochelle），一六二七年～一六二八年由黎希留發動，克城後確立法國為天主教國家，並逐漸成為歐洲最集權先進的絕對主義國家。

③方濟各會（Capucin），又稱「小兄弟會」、「方濟會」。

路易十四的假髮造型師本瓦．畢內（Benoît Binet）

路易十四（Louis XIV），西元一六三八年～一七一五年，自號太陽王，後接受巴黎市政會獻上的「大帝」尊號。波旁王朝的法國明君，在位長達七十二年一百一十天，是史上有確切記錄在位最久的主權國家君主。

話說從頭

法國老一輩爺爺奶奶們差點摔跤時常說：「天啊！差點沒把我的畢內給跌壞了！」

這位畢內究竟是何方神聖？實則他的全名是本瓦．畢內，是路易十四的假髮造型師。這樣說大家應該對路易十四畫像中那些高聳入雲的假髮比較有印象吧？那些假髮正是畢內的傑作，而國王總是要求他要「更上一層樓、要燙更捲」。各位可以想像當時的人們看到時有多印象深刻，因此便將它們（假髮）稱為「畢內們」或「怪異的畢內們」。然而，帶著這樣的假髮走動，畢竟頗讓人「面相出奇」，因此後來人們就把原本指稱假髮的「畢內」延伸為更廣義代表某人的臉、長相。

三千煩惱絲

額外補充一點，雖說是假髮，但國王的假髮可是用「真髮」製作的。不過，國王在這方面的需求量實在太大，以至於後來就連柯爾貝[1]都開始擔心法國境內欣欣向榮發展的「髮絲交易」。畢內的確為此在法國各地養了一群「真髮蒐集師」，必要時連死人的頭髮也不放過。他甚至吹噓：「為了陛下的頂上毛髮，我願採集整個王國所有人的項上人頭。」

國王如此珍視自己的三千煩惱絲，難道是因為二十歲御駕親征時，染上的那場傷寒，讓他據說掉光了頭髮？還是因為記得聖經故事中參孫（Samson）因為被大利拉誘惑（Dalila），在睡夢中剪去頭髮而失去天生神力的教訓？看來男人們「愛惜羽毛」的心，不分古今中外皆然，也不只是重視外表而已，難怪相關產業如今依然「枝繁葉茂」。

① 柯爾貝（Jean-Baptiste Colbert），一六一九年～一六八三年，長期擔任財政大臣和海軍國務大臣，是路易十四時代法國最著名的重臣之一。

路易十四皇弟的男扮女裝玩伴史瓦西神父（L'abbé de Choisy）

菲利普・奧爾良公爵（Philippe d'Orléans），西元一六四〇年～一七〇一年，為路易十四的親弟弟。

粉墨登場

歷經投石黨動亂①，攝政的馬薩林②和太后奧地利的安妮③有如驚弓之鳥，他們希望讓路易十四的弟弟遠離權力的誘惑，千萬不要覬覦哥哥的王位，於是想到了一個絕佳的策略：把他打扮成小女孩。

沒想到小菲利普不但沒有排斥，還非常樂在其中，沉溺在絲綢緞帶、美人痣、耳環、口紅和鑽石的世界中。這也難怪，因為他的長相斯文、優雅細緻，扮女裝再適合不過。

變裝皇后

在此同時，法蘭索瓦・蒂茉龍・德・史瓦西④的母親也在為其愛子的未來精打細算。

她的目標是接近並被納入太后奧地利的安妮的小圈圈，而她深知小菲利普的「特別嗜好」。因此，一不做二不休，她決定將自己的兒子女扮男裝，好讓他和菲利普多親近親近。

成年後的法蘭索瓦．蒂茉龍雖然成了一位神父，不過對於十八歲之前的「特殊經歷」卻仍津津樂道：

「每次皇弟陛下來我家，我就會扮成女裝，而他每週至少都會來兩到三次。當時的我穿了耳洞，常穿戴鑽石珠寶、面紗和許多其他讓人著迷且不易戒掉的小東西。皇弟陛下也很喜歡這些，於是對我百般疼愛。每當他一到我家，身邊總是伴隨著幾位馬薩林樞機主教的姪女們，或是太后的幾位女兒，我們就幫他梳妝打扮（……）。我們會把他的緊身襯衫脫掉，為他換上女裝、裙裝……」

等到路易十四的皇弟也成年了，才被迫褪去羅裙，之後只能萬般期待變裝舞會才能重拾兒時樂趣。

至於他那男扮女裝的兒時玩伴，史瓦西神父就沒有這麼多王宮禁忌要守。據説他以多金俏寡婦巴赫女伯爵（Comtesse de Barres）的扮相，繼續在布爾日一帶縱橫情場，引領風騷多年。

① 投石黨動亂（La Fronde），一六四八年～一六五三年之法國內戰，名稱源自於法文投石器（Fronde）一詞，因當時攝政大臣馬薩林的支持者遭巴黎市民以投石器發射石塊破壞窗戶。

② 馬薩林（Mazarin），一六〇二年～一六六一年，外交家、政治家，法國國王路易十四的首席大臣及樞機，任內結束三十年戰爭，並替法國獲得不少重要領土。

③ 奧地利的安妮（Anne d'Autriche），一六〇一年～一六六六年，西班牙公主和奧地利哈布斯堡王朝大公夫人，法王路易十三之妻，路易十四之母，在其成年之前攝政，是歐洲當時最著名的女性之一。

④ 法蘭索瓦・蒂茉龍・德・史瓦西（François-Timoléon de Choisy），一六四四年～一七二四年，法國貴族，後成為神父。

柯爾貝的文化顧問
讓．沙柏林（Jean Chapelain）

柯爾貝（Colbert），西元一六一九年～一六八三年，長期擔任財政大臣和海軍國務大臣，是路易十四時代法國最著名的重臣之一。

國家補助

十七世紀在法國之所以被稱為「路易十四的世紀」，固然有一部分是因為他的戰功彪炳讓法國揚眉吐氣，但更重要的是他將藝術與文化視為其核心政策。

舉例來說，他曾下令財政大臣柯爾貝以他的名義資助許多科學家和作家。

柯爾貝遂向自己的文化顧問讓．沙柏林詢問當時歐洲究竟有哪些偉大的思想家，值得拿到法國王室的年度補助。

最終，讓．沙柏林選出了六十幾位文學家和科學家，由他們每人獲得一個裝滿金幣的絲布袋，作為國王對他們的「贊助與犒賞」，其中多數是法國人。

然而這位讓．沙柏林又是誰呢？說起他的來頭可不小，不僅從年輕時就非常傑出，精通拉丁文、希臘文、西班牙文和義大利文，而且對古典文學和當代文學都一樣擅長。他本來專為貴族教導他們的下一代，但很快他的文采就被黎希留樞機發覺。於是紅衣主教讓他加入法蘭西學術院，並且負責研擬《法蘭西學術院辭典》的架構。此外，他也曾在一場關於戲劇的演講中捍衛「三一律」，亦即時間、地點、動作的一致，對古典戲劇產生重大影響。

文人相輕？

儘管讓．沙柏林將自己的一輩子奉獻給了藝文，但作為詩人卻沒能成功。或許是大家對他的詩期待過高吧，當他念出自己的傑作《聖女貞德》中的幾句詩時，更是讓眾人殷切盼望看到全文。萬萬沒想到等他真的出版了前面的十二首詩歌，卻讓他瞬間成了眾人的笑柄。

雖說如此，他仍繼續努力經營主持當時的藝文圈，最終也得到了國王賞賜的三千多磅「贊助與犒賞」。

蒙特斯龐夫人的毒手藥后
法蘭索絲・菲拉斯特（Françoise Filastre）

蒙特斯龐夫人（Madame de Montespan），西元一六四〇年～一七〇七年，路易十四最著名的情婦，與路易十四一共生下八名私生子女。

女人的戰爭？

路易十四在位期間，最流行的八卦和陰謀論並不像現在的「誰和誰去了哪間汽車旅館……」而是更驚悚的毒殺案件。當然，這並不是說那時沒有紅色緋聞。

畢竟國王自己就是個「千人斬」，這點沒有人會懷疑。宮廷中的名媛貴婦們，都一心想要爬進國王的床上，一旦成功了就開始擔心自己的「床位」會被人取代。

阿泰納伊斯・德・蒙特斯潘夫人是太陽王最著名的情婦，她與路易十四一共生下八名私生子女，其中六人還得到王室的正式認可封爵，此外，她更是「投毒事件」（L'affaire des poisons）的參與者之一。

據說她為了要繼續博得國王的歡心，曾向專門主持黑彌撒的吉布神父（Abbé Guibourg）求助。黑彌撒中的女性不僅要坦胸露腹，而且還要用嬰兒獻祭。夠驚悚吧？

此外蒙特斯龐夫人還懂得用「愛情神水」[①]讓國王離不開自己。不過她可沒有笨到自己去買，而是派自己的侍女俄椰小姐（Mlle des Œillets）去找巫婆買。只可惜道高一尺、魔高一丈，她沒能料到自己的侍女也跟路易十四有一腿。更沒料到的是俄椰小姐在為女主人代購春藥的時候，還順便買了一些毒藥，而且是用女主人蒙特斯龐的名義購買。

男人的鬥爭？

待「投毒事件」東窗事發，綽號拉．瓦森[②]的女巫很快被處以火刑，另一名女巫也受到審判，許多證詞開始對蒙特斯龐夫人不利。

這名女巫名叫法蘭索絲．菲拉斯特，簡稱拉．菲拉斯特，她除了販售各種毒藥神水，還會幫人墮胎。當時盛傳她將親生的孩子賣給了魔鬼。厲害吧？她被指控受到蒙特斯龐夫人的指使去接近國王的新寵、情敵豐唐赫小姐③，並藉機毒死她。拉．菲拉斯特一開始全盤否認，後來受不了嚴刑拷打就全招了。不過，她在被燒死之前又再度良心發現，推翻證詞，說自己從未接受蒙特斯龐夫人的委託，只是受不了酷刑才說出警方想要的答案。

如今史學家認為整起離奇的「投毒事件」很可能是盧福瓦④對其政敵柯爾貝及其女性靠山蒙特斯龐夫人的政治鬥爭。

①愛情神水（philtre d'amour），據說能使人愛上自己的魔法水，應為春藥一類。
②拉．瓦森（La Voisin），一六四〇年～一六八〇年，女巫、算命師和占卜師，擅長調製各類藥物，一六七九年捲入法國宮廷的「投毒事件」。
③豐唐赫小姐（Mlle de Fontanges），一六六一年～一六八一年，路易十四的情婦，過世時年僅二十歲。
④盧福瓦（Louvois），一六四一年～一六九一年，路易十四的陸軍國務大臣，改革法國軍隊，將法軍增加至四十萬名士兵，成就了太陽王的光輝歲月。

路易十五的煙火師佩托紐・魯傑里（Petronio Ruggieri）

路易十五（Louis XV），西元一七一〇年～一七七四年，法國波旁王朝國王，被稱作「被喜愛者」，執政早期受到法國人民的擁戴，是太陽王路易十四的曾孫。

壓軸登場

煙火誰不愛看？法國也不例外，每年國慶日或各鄉鎮市的慶典都會有成千上萬發的煙火綻放。彷彿再無聊的城鎮，就算一年三百六十四天都沒有事情發生，但最後一天一定要放一場煙火，讓所有居民出來透透氣，看看完美的結局。

十七世紀的法國人祖先們其實就已經很喜歡煙火。事實上，歷史上第一場煙火是為了慶祝路易十三和奧地利的安妮結婚時施放的。從此以後，這項傳統也延續到每一次的皇家喜宴。

不祥預兆

一七七〇年，路易十五聘請了著名的魯傑里家族，為王儲和奧地利女大公瑪麗・安東妮（Marie-Antoinette）的婚禮施放煙火。佩托紐帶來了兩位親兄弟擔任助手，彼特羅（Pietro）和安東尼（Antonio）簡直像是全家出動。當然，他們拿到了一大筆錢，要讓宮廷貴族和平民百姓在「路易十五廣場」（今巴黎協和廣場）同樂。魯傑里為此專門設計了一個「婚約聖殿」（Temple de l'Hymen）作為布景。婚宴當晚，人潮果然擠得水洩不通。

然而這樣盛大的結婚典禮並沒有為法國帶來好運，甚至演變成一場災難。當晚有一發火箭竟射歪了，在地上燒了起來，火勢一發不可收拾，甚至綿延到木製布景「婚約聖殿」。觀眾頓時間陷入恐慌，紛紛逃竄，然而當時廣場只有一個出口，就是還在修築當中而且同樣擠滿了人的「皇家大道」。再加上來參加慶典的人們，多少都喝了點小酒，這下不得了，發生了人群推擠踐踏事件、鷹架倒塌，一些老弱婦孺就此窒息死亡，最後統計一共死了一百三十三人。

原本好好一場喜事竟演變至此，一些迷信的人不禁覺得大觸霉頭。

話說回來，魯傑里家族的名聲商譽似乎並未受損。他們多半也未被問責追究，畢竟魯傑里家族的後代，事到如今依舊在煙火業大鳴大放，甚至享有「蒼穹畫家」的美譽，繼續為法國人以至於全世界的重要慶典，送上人人喜愛的煙火秀。

路易十五的御用思想家
法蘭索瓦・魁奈（François Quesnay）

路易十五（Louis XV），西元一七一〇年～一七七四年，法國波旁王朝國王，被稱作「被喜愛者」，執政早期受到法國人民的擁戴，是太陽王路易十四的曾孫。

寒窗苦讀

法蘭索瓦・魁奈是農夫之子，原本打算子承父業，也當個農夫。然而有天，一個園丁還是牧場員工卻拿了一本農民年曆，教他認字讀書。這下不得了，法蘭索瓦整個豁然開朗。法蘭索瓦立即跑去找附近的一位神父，要求神父教他拉丁文和希臘文，並且立下志向要成為一名外科醫師。因為在他眾多的讀物之中，就以解剖學的書最受到他的喜愛。為了練習，他甚至到蒙福爾拉莫里①一名跌打醫生那裡練習開刀。同時為了繳交醫學院的學費，他也在巴黎接了一份雕刻學徒的工作。終於皇天不負苦心人，他拿到了外科醫師的畢業證書，榮歸故里。即使太太後來因為生產不順而過世，魁奈也靠著撰寫醫學專書來麻痺自己。

思想大師

二十年後，他在醫學領域的成就讓他有機會被召到凡爾賽宮。原來是國王的情婦，或者說是法國的地下王后，龐巴度夫人②需要一名醫生就近照顧她的健康。魁奈於是搬到凡爾賽宮中，房間就在龐巴度夫人的套房上方。思路清晰且口風很緊的他，很快就得到了龐巴度夫人以及國王本人的賞識。路易十五甚至親暱地稱他為國王的「御用思想家」。當時的王儲不幸罹患天花，經他成功救治才好起來，於是國王封他為貴族，並賞給他一個全新的家徽，上面有三朵三色堇，還帶有一句拉丁文座右銘：「思比花嬌」③。

他和國王的對話異常直白，令人常常不禁為他捏把冷汗。例如有一次王儲正在抱怨當國王有多難的時候，魁奈就直言：

「陛下，我無法苟同您的說法」

王儲聽了有點不悅，反問道：

「聽你這樣說，要是你來當國王又會怎麼做？」

「陛下，屆時我什麼都不必做。」

「哼，那國家誰來治理？」

「國家交給法律就好。」

魁奈的傑出表現遠遠超出醫學的領域。可以說他做什麼，就像什麼（除了數學稍弱）。例如當他年過六十、突然決定研究經濟學時，不久後就研究歸納出歷史上第一套簡單卻有系統呈現總體經濟的圖表《經濟表》（*Tableau économique*）。對於他和他那些「重農學派」的學生們來說，各種產品與服務以至於全體社會財富的流動，就有如血液在人體中流動一般。

①蒙福爾拉莫里（Montfort-Amaury），巴黎西南郊的一個市鎮。

②龐巴度夫人（Mme de Pompadour），一七二一年～一七六四年，路易十五的「官方情婦」、顧問，進入宮廷後終其一生保有對國王的影響力。

③法文中「三色堇」（pensée）和「思想」為同字異義。

讓路易十六走上絕路，並讓米拉波從萬神殿被趕走的鎖匠法蘭索瓦．嘉明（François Gamain）

米拉波（Mirabeau），西元一七四九年～一七九一年，法國大革命時期著名的政治家和演說家，是溫和派最重要的人物之一，主張建立君主立憲制。

同好老友

圍繞法國王室的傳說不少，其中有假的例如「鐵面人」，但也有真的像是「鐵櫃事件」。眾所周知，路易十六對鎖的製造情有獨鍾，因此也和宮中的鎖匠法蘭索瓦．嘉明特別要好。兩人常常會關在工作室中製作各類機械鎖和其他東西，一待就是好幾個小時。

法國大革命期間，路易十六有段時間被軟禁在杜樂麗宮，這時他想起老朋友嘉明，就把他召來並託付他一項高度機密的任務。國王要他製作一個鐵櫥櫃並暗藏在牆壁中，好讓路易將一些祕密，尤其是可能威脅到革命的信件藏在其中。

嘉明照辦了。

落井下石

然而往後的情勢發展卻對法國王室、王權愈來愈不利，而嘉明也愈來愈認同法國大革命的理念。另一方面他也擔心若鐵櫃萬一被發現，而他又是製作人那可不妙，於是他乾脆主動揭發了鐵櫃的存在。革命黨人立即進行搜索，並且找到了那只當初花了三個夜晚偷偷挖牆藏進去的機密鐵櫃。

櫃中的信件更進一步證實了正在接受審判的路易十六確實犯了叛國外患罪。這樣一來，嘉明可以說是間接讓國王被判刑的要角之一。此外，那些罪證確鑿的信件當中，有好幾封出自米拉波之手，證實了他的兩面手法。不過，曾經仗義執言、為民喉舌的米拉波已經無法被推上斷頭台，因為他已經在兩年前過世，甚至曾有一度盛傳他是被人毒殺身亡。儘管如此，眾人仍決定懲罰他，破壞他的歷史定位：他的遺體原本被安置在對法國有功的「萬神殿」（Panthéon，偉人祠）中，這時卻被移至名不見經傳的克拉瑪墳墓（cimetière de Clamart），一個曾埋葬許多死刑犯屍體的墳墓。

押解路易十六從瓦雷訥返回巴黎的人
熱羅姆・佩蒂翁（Jérôme Pétion）

路易十六（Louis XVI），西元一七五四年～一七九三年，法國波旁王朝最後一任國王，一七七四年即位，一七九二年被廢黜次年被送上斷頭台，是路易十五的孫子。

國王落跑

時值一七九一年，法國王室正面臨風雨飄搖的年代。兩年前的一七八九年，他們被迫從凡爾賽宮搬回巴黎的杜樂麗宮，好讓所有人就近看管。這時據說和王后瑪麗・安東妮關係匪淺的瑞典駐法大使，艾克賽・德・費森①決定協助他們從巴黎逃走，目標是要抵達保王黨所控制的東部城鎮蒙梅迪（Montmédy）。

馬車中的路易十六扮成一位商人，旁邊坐著蒙上面紗的王后，然而就在即將抵達目的地的時候，卻被一位驛站站長認出，在瓦雷訥被逮捕。

巴黎頓時群情譁然。國會立即決議派出三位使者，去將出逃的國王、王后和小王儲給抓回來。熱羅姆．佩蒂翁正是其中之一。

鐵漢柔情？

熱羅姆來到逃犯們的馬車前，王后及其小姑伊莉莎白夫人②向他求情，希望能確保一眾人等的安全。然而這位國會議員卻絲毫不領情，反嗆要她們「噤聲，少囉嗦」，然後宣讀國會賦予特使全權處理一干人犯的法令給路易十六聽。

眾人不語，只得走回頭路往巴黎的方向出發。佩蒂翁則彷彿非常享受地坐在國王的馬車中，將這位君主押往可悲的命運之路，接受民眾的憤怒羞辱。

一台馬車內多了好幾個人當然很擠，於是王后抱起小王儲放在腿上，另一位特使貝納夫（Bernave）則坐在國王旁邊。至於佩蒂翁則坐在伊莉莎白夫人和抱著小公主的杜澤夫人③中間。往後想起這段旅程，佩蒂翁吐露：

「我在想，要是馬車內只有我們兩人，伊莉莎白夫人大概會忘情投入我的懷中吧。」

真的假的，愛說笑？

押解國王走向斷頭台的人，你想當嗎？

①艾克賽・德・費森（Axel de Fersen），一七五五年～一八一〇年，瑞典軍人和外交官，曾參與美國獨立戰爭，是法國王后瑪麗・安東妮的情人。

②伊莉莎白夫人（Madame Élisabeth），一七六四年～一七九四年，路易十六的妹妹。

③杜澤夫人（Madame de Tourzel），一七四九年～一八三二年，法國貴族，路易十六小孩的家教老師。

路易十六的假兒子
卡爾．威廉．南鍺夫（Karl-Wilhelm Naundorff）

路易十六（Louis XVI），西元一七五四年～一七九三年，法國波旁王朝最後一任國王，一七七四年即位，一七九二年被廢黜次年被送上斷頭台，是路易十五的孫子。

叫我十七

教科書裡總寫說路易十六和瑪麗．安東妮的兒子，原本應該登基成為路易十七的那位小朋友，後來十歲就死在聖殿塔監獄（prison du Temple）中。

不過當時的人可不這樣想，王儲過世的消息才剛發布，隔天就開始盛傳他被人掉包，已經藉機逃走。

就這樣，幾年過後陸續出現許多聲稱自己是路易十七的「假太子」，宣稱他們才是法國王位的正統繼承人。

其中最有名的一位是普魯士王國的南諸夫，他的本業是鐘表師傅，很懂得投機取巧。或許是他也遇到了一位聲稱自己是路易十七的人吧，無論如何他決定依樣畫葫蘆。第一步就是登報增加自己的曝光率，只是他卻不小心犯了一個錯誤：他聲稱自己叫做查理・路易，然而大家都知道王儲的名字是路易・查理，講反了！不過，除此之外他的確演技高超，硬是撐了過去。他的表演甚至感動了好幾位法國舊王室的支持者，令他們吃了秤砣鐵了心，決意要支持這位滿口德文腔法文的「法國王儲」，也不管他是否真的十歲以前都在法國長大。

王子現形記

對南諸夫來說，最重要的支持者是自己送上門來的阿嘉德・德・杭波（Agathe de Rambaud）。她在法國大革命以前是王室小孩的保母，曾經哄王儲入睡，並在革命期間保護他。然而，阿嘉德的內心卻充滿罪惡感，因為當年國王全家被關進聖殿塔監獄時，她卻選擇拋下他們從杜樂麗宮中逃走。難怪她願意相信王儲其實沒死，而是逃了出來，畢竟這樣可以減輕她的良心負擔。就這樣，據說她指認出南諸夫身上的一些傷疤，和小王儲身上的一樣。此外，她還拿出一件珍藏了四十年的小藍衣，測試南諸夫：

「您還記得在杜樂麗宮曾經穿過這件衣服嗎？」

「不，這件我是在凡爾賽宮中穿的，為了參加一場宴會，不是在杜樂麗宮……而且後來，我記得就再也沒穿過，因為不太合身。」

你說是不是很會掰呢？

杭波夫人聞言跪了下來，用喜極而泣、顫抖的聲音說出結論：

「唯有吾主能說出真相。」

儘管如此，南錯夫並非就此一帆風順。不斷製造騷動的結果是驚動了高層。當時的法國國王路易．菲利普決定逮捕他這位「假表弟」，還把他驅逐出境到英國去。

花光積蓄、即將走投無路的南錯夫，這時決定「轉行」。在英國成立了一種新宗教。

這位詐騙高手被放逐之後，終於找到了另一種行騙手法，而他曾經冒充路易十七一事也就慢慢地被世人遺忘了。

路易十七的監護人

鞋匠安東尼・西蒙（Antoine Simon）

路易十七（Louis XVII），西元一七八五年～一七九五年，路易十六和王后瑪麗・安東尼的第二個兒子。其兄逝世後，成為新任的法國王儲。

麻雀變鳳凰

法國大革命對安東尼・西蒙和他太太來說，簡直是最好的機遇。兩人從破產的鞋匠兼旅店老闆和無業家管女，搖身一變成為路易王儲的「家教監護人」，負責將他養育成標準的革命黨人。他們的收入自然水漲船高。不過，外人對他們倆的看法就有點兩極化了，端看你是偏激的保王黨，還是試圖保持中立客觀的史學家。

爭議性人物

對保王黨來說，安東尼・西蒙簡直是魔鬼，是雨果筆下的泰納第①在世，不僅粗俗卑鄙，還把小王儲當作僕人使喚，逼他喝酒令他反胃，逮到機會就對他棍棒齊下，不給小路易吃東西就算了，還盡教他一些淫邪小調、髒話、褻瀆神明的言語，甚至還教他尚・雅克・盧梭②的萬惡思想。你說可不可恨？

至於較中立的史學家怎麼看呢？在他們眼中，西蒙夫婦雖然不是拿諾貝爾獎的料，也不是細膩生活品味的典範，但他們人卻也不壞。他們的確曾細心照料小路易，還幫他買了一些小玩具，以撫慰他失去母親的心。西蒙甚至還給了小路易一隻小狗當寵物。此外，西蒙太太也把家裡打掃得很乾淨，用適當溫度的水為養子洗澡，而定期來訪的醫生也從未發現小孩有被虐待的跡象。

唯一能怪罪西蒙這位前鞋匠兼王儲養父的，大概就是他非常討厭王權，而且幾杯黃湯下肚後就會不自禁咒罵起上帝、聖徒和聖母瑪利亞吧。真不乖！

①泰納第（Thénardier），小說《悲慘世界》中的人物。落魄的酒店老闆，收養別人小孩，卻百般虐待，作惡多端。

②尚・雅克・盧梭（Jean-Jacques Rousseau），一七一二年～一七七八年，啟蒙時代的哲學家、政治理論家、文學家和音樂家。其深遠影響可見於近代的啟蒙運動、法國大革命，以至於現代的政治、哲學還有教育思想。

瑪麗・安東妮的巧克力師傅蘇璧・德波芙（Sulpice Debauve）

瑪麗・安東妮（Marie-Antoinette），西元一七五五年～一七九三年，奧地利哈布斯堡王室一員，後嫁給路易十六成為法國王后，法國大革命期間上了斷頭台。

萬能巧克力

巧克力在成為大家最喜歡的固體甜食前，其實較常以液體的型態出現供人飲用。同時，巧克力剛出現時被視為一種藥方，而非現在眾人習慣的零食。舉例來說，一七五八年版的《藥典》①就新增了可可飲條目，而該書自從一七四八年七月二十三日巴黎議會頒布的一條法令，早已成為所有藥劑師在開藥、配藥時必須查詢的工具書。

巧克力飲在當時被視為萬靈藥，因此被賦予許多神奇的藥效，有些藥效甚至彼此衝突。當時所謂「細緻衛生的巧克力」一下子被說成可以當瀉藥，一下子又說它可以解除痙攣或當補品，這裡說它可以退燒，那裡又說是治胸腹疼痛、失眠、霍亂、痢疾、憂鬱和疑病症。將巧克力添加蘭莖粉②喝下，據說可以讓過瘦的人增胖。這樣的萬靈藥，只有血氣方剛或火氣太大的人才不適合飲用。

藥劑師？巧克力師傅？

就連國王路易十六和王后瑪麗．安東妮的御用藥師，蘇璧．德波芙也親手製作「手工健康巧克力」來當作藥物，還會用私人祕密配方調配：扁桃仁奶加橙花水、各種香料和香草；若只加橙花水可以幫助神經脆弱者減少痙攣，若只加扁桃仁奶則可以消炎，至於心情低落憂鬱的患者則可以吃龍涎香（ambre gris）巧克力，使其精神亢奮。這些療效各異的巧克力深受王后的喜愛，所以被稱為「瑪麗．安東妮的小金幣」。

事過境遷的一八〇〇年，王后早已香消玉殞，然而一家名為「德波芙與迦雷」（Debauve & Gallais）的店面卻開張了，專門銷售讓人愛不釋手、齒頰留香的甜食：巧克力，從此開展巧克力工匠的數百年傳統。

曾經有一段時間，巧克力的名聲急轉直下，被指控為是「消化不良症」的罪魁禍首。幸好現在又被科學家認可，據說黑巧克力尤其對身體健康有益：可以抗壓、抗憂鬱、降低心臟血管疾病相關風險、有利於降血壓、避免第二型糖尿病、預防腦部退老化，還可以協助更年期後的女性對抗骨質疏鬆。別忘了它還有讓人開心甚至催情的效果。你說祖先們是不是很有先見之明呢？

① 《藥典》（Codex medicamentarius），一六三八年第一次出版的醫藥專書。
② 蘭莖粉（salep），一種由紅門蘭塊莖製成的粉末，常被用於土耳其及前鄂圖曼帝國地區的飲料及甜點中。

瑪麗．安東妮的劊子手
亨利．喪送（Henri Sanson）

瑪麗．安東妮（Marie-Antoinette），西元一七五五年～一七九三年，奧地利哈布斯堡王室一員，後嫁給路易十六成為法國王后，法國大革命期間上了斷頭台。

家族事業

喪送家族世世代代都是劊子手。第一代喪送開山鼻祖的光榮時刻，是處決了知名盜匪頭子「子彈路易」①。老子心臟病發一命嗚呼後，兒子就繼承了劊子手的職位，而孫子查理．亨利．喪送更不得了，竟然砍了路易十六的人頭。

隨著科技的日新月異，喪送家族祖孫三代使用的器具不盡相同，後代子孫已經不用斧頭了，而是進步到用神奇的斷頭台，大大改善了他們的工作環境與條件。

不過，砍了法國國王的人頭畢竟造成了他不小的心靈創傷，查理．亨利決定交棒給第四代，也就是他的兒子亨利．喪送，之後就成天待在教堂點蠟燭祈禱，懺悔去了。

薪火相傳

於是，等到一七九三年瑪麗．安東妮在歷經兩天的法庭審判後被判上斷頭台，就輪到亨利．喪送出場了。時間大約是早上十點鐘，他來接送前王后赴刑場，先將她的雙手綁在背後，將她的頭髮剪去露出脖子，然後讓她坐上牛車，自己則站在犯人身後，將車駛往「大革命廣場」。走上斷頭台的時候，這位來自奧地利王室的王后不小心踩到喪送的腳還向他道歉：「不好意思。」

臨終前，她並未向法院強迫塞給她的神父告解（王室原本有自己專用的神父），也沒有對憎恨她的人群多說些什麼。她只是被綁在木板上，躺了下去，等刀鋒落下一切就結束了。喪送抓住她僅剩的頭髮，將她的首級提起展示給民眾看。人群間頓時響起了被壓迫上千年的怒吼聲：勝利！共和萬歲！自由萬歲！王權的劊子手萬歲！

①子彈路易（Louis Dominique Garthausen），一六九三年～一七二一年，十八世紀初於巴黎一帶出沒的強盜，綽號「子彈」、「勃根地」、「小子」或「拉馬黑」。

丹東的雕刻家
克勞德．安德烈．德森（Claude André Deseine）

丹東（Danton），西元一七五九年～一七九四年，法國大革命初期的領導人物，很多歷史學家形容他在「推翻君主制和建立法蘭西第一共和國過程中是主導的力量。」最終因被指控受賄並且憐憫革命的敵人，而被送上斷頭台。

酒吧戀情

丹東儘管身為巴黎市執業律師，但在酒吧中的次數卻比出庭的次數多。他最愛的小酒館叫做「帕納斯」（Parnasse）就在法院附近。在那裡，丹東結識了許多往後對他很重要的人：未來的革命黨人，以及「帕納斯」酒館兼檸檬汁店老闆的女兒、二十七歲的美麗女子安東妮．加百列（Antoinette-Gabrielle）。兩人於一七八七年結為夫妻，婚姻不僅為丹東帶來一筆可觀的財富，兩人的愛情歷經大革命風暴的考驗，也依然屹立不搖。

至死不渝

一七九三年冬，丹東受命領軍到比利時推廣大革命的理念，只能拋下第四次懷孕且即將臨盆的愛妻。讓他更擔心的是這次安東妮・加百列懷孕期間一直不順利，健康受到影響。有天，他在戰場上突然接到大舅子的來信，叫他立即返家。雖然快馬加鞭，但丹東終究來遲了。

小男嬰已經夭折，而媽媽竟然也走了。丹東回到家才知道愛妻已經下葬。傷心欲絕的他衝下樓梯，跑去雕刻家朋友克勞德・安德烈・德森那裡。丹東也不多說，反正克勞德・安德烈既聾且啞。他一手抓住對方的大衣，就領著可憐的雕刻家夜訪聖・凱薩琳墓園（cimetière Sainte-Catherine）。他立即叫人掘墳，將太太的屍身取出後，不住親吻著愛妻的臉龐，並且命令雕刻家用石膏打模。於是，丹東太太的半身像不久後出現在巴黎的展覽廳中，其中最爭議的當然是掘墳事件。

該件作品如今保存在特華①市立藝術暨考古博物館。

①特華（Troyes），法國中北部城市。

拿破崙的廚師杜南（Dunan）

拿破崙・波拿巴（Napoléon Bonaparte），西元一七六九年～一八二一年，法國軍事家、政治家與法學家，在法國大革命末期和法國大革命戰爭中達到權力巔峰。一八〇四年～一八一五年間登基為法蘭西人的皇帝，拿破崙一世。

反敗為勝

共和曆八年，牧月二十五日（一八〇〇年，六月十四日）。在義屬皮埃蒙特①、熱那亞北邊的馬倫哥（Marengo），拿破崙率領法軍正準備和奧地利軍決一死戰。會戰一開始，法軍就落居下風：他們人數較少，而且彈藥不足。拿破崙知道關鍵時刻已經來臨，於是親臨前線試圖力挽狂瀾，提振法軍的士氣。終於，救兵到了！是德賽②的援軍到了，並且救了法軍。然而德賽在率領騎兵衝鋒時卻被一顆子彈打中心臟，當場死亡。隨後，小凱勒曼③的騎兵終於為法軍奪下勝利，簡直千鈞一髮。

鄉村烤雞

為了慶祝勝利，拿破崙命人找來他的廚師杜南，並且下令：這一餐要吃好一點。打仗可是會餓的！然而，在這鳥不生蛋的小村落，廚師要煮出一頓精彩的可不容易，要發揮想像力，想盡辦法才行。他找來附近的農民，向他們搜刮來所有能吃的食物：一隻雞、蘑菇、橄欖油、番茄、大蒜、洋蔥、白酒一瓶、百里香、月桂葉、香芹菜等……這些食材再加上他的廚藝，頓時變出一道「很可以」的菜。這就是法國名菜「馬倫哥雞肉」的由來，同樣的調味也可以拿來烹煮兔肉、小牛肉，任君挑選，畢竟承平時期要比戰時容易多了。

就這樣，拿破崙贏得了一場戰役，而法國廚藝則贏得了一道菜。

①義屬皮埃蒙特（Piémont），義大利西北地區，首府是杜林。
②德賽（Desaix），一七六八年～一八〇〇年，法國大革命戰爭期間的一名法軍將領，拿破崙的好友。
③小凱勒曼（François Étienne Kellermann），一七七〇年～一八三五年，第二代瓦勒米公爵，法國大革命戰爭期間的一名法軍將領。

拿破崙的製糖師班傑明．德樂賽（Benjamin Delessert）

拿破崙．波拿巴（Napoléon Bonaparte），西元一七六九年～一八二一年，法國軍事家、政治家與法學家，在法國大革命末期和法國大革命戰爭中達到權力巔峰。一八〇四年～一八一五年間登基為法蘭西人的皇帝，拿破崙一世。

糖癮發作？

一八〇六年後，法屬安地列斯群島[1]的經濟突然受挫。原因是拿破崙的「大陸封鎖政策」[2]禁止一切來自英國的貨物登陸歐洲大陸，也禁止貨物銷往英國。然而，在海上英國海軍占盡優勢，這樣一來法屬殖民地的貨品（例如安地列斯群島的蔗糖）也難以抵達法國本土。面對蔗糖的供給不足，法國人想盡辦法尋找替代品，不論是楓糖蜜、葡萄都試過，結果卻都失敗了。拿破崙正無計可施，這時卻得到訊息：有一位聰明的企業家成功了，是用甜菜！精明的政治家拿破崙為了鼓勵新科技與技術的發展，立即啟程，於一八一二年一月十二日進行了一場「工廠參訪」。

倒吃甘蔗

班傑明．德樂賽帶著工廠工人迎接當今聖上，當然安排了滿滿的精彩行程：工坊參觀、員工聊天、鼓勵嘉獎、試吃大會等，應有盡有。這下輪到皇帝拿破崙印象深刻了。他預見了相關技術的潛力，對於該產業的發展也充滿信心。倉促之間不及事先準備「獎品」，他便將自己胸口那枚「法國榮譽軍團勳章」③取下，別在德樂賽的胸膛上。這在當時可是前所未見、聞所未聞的事，尤其是第一次將「法國榮譽軍團勳章」頒給平民而不是軍人。

得此殊榮，德樂賽感動到幾乎說不出話，只能結結巴巴地道謝。後來這位精明的發明家更被封為法蘭西帝國的男爵。當然，這是為了感謝他對法國經濟的貢獻。因為德樂賽，法國從此不需要倚賴殖民地或他國的糖業，而糖在法國的價格也在短短一個世紀內降低了兩百倍。

① 法屬安地列斯群島（Antilles），美洲加勒比海中的群島。
② 大陸封鎖政策（blocus continental），拿破崙在一八〇六年～一八一四年間的政策，意圖使用經濟戰的手段使英國屈服，並保護法國經濟。
③ 法國榮譽軍團勳章（Légion d'honneur），拿破崙創設的勳位，藉以表彰對國家有功的軍人或平民。

為瑪麗．路易絲接生的婦產科醫師杜布瓦（Dubois）

奧地利的瑪麗．路易莎（Marie-Louise d'Autriche），西元一七九一年～一八四七年，原為奧地利女大公，是法蘭西帝國皇帝拿破崙一世的第二任妻子，婚後成為法國皇后。她也是路易十六的王后瑪麗．安東妮之姪孫女。

父母兩樣情

一八一一年三月十九日晚間，拿破崙這個「浪漫情人」口中，他娶回來傳宗接代的「肚子」，奧地利的瑪麗．路易莎開始陣痛。杜樂麗宮立即進入全面戒備。

杜布瓦醫師負責照顧瑪麗．路易莎。翌日凌晨五點鐘，拿破崙被孕婦生產的尖銳叫聲吵醒，慢條斯理地命令衛隊準備響禮砲，迎接即將誕生的皇子，然後就按照平常習慣泡了個熱水澡，讓自己在開始忙碌的一天前，先平靜下來。他唯一關心的其實只有小孩是不是男嬰。在皇后周遭的所有人全都亂成了一團，那情境簡直像在目睹戰場一般。

拿破崙穩定軍心

就連杜布瓦醫師也亂了陣腳。忙亂之中，有人踢翻了一張小矮桌，桌上的花瓶碎了一地。而在此同時，嬰兒的胎位不正，有窒息的可能，母親也有生命危險。大約七點鐘，臉色蒼白的杜布瓦突然闖進準爸爸的澡間，拿破崙還在悠哉地泡水。迫於情勢，也為了讓母子均安，杜布瓦醫師決定動傢伙使用「產鉗」①，所以先稟報一聲。然而皇后看到產鉗卻受到驚嚇（此時生產過程已近十二小時），驚慌亂叫。拿破崙這時一反當時的習慣，命令杜布瓦專注搶救母親的生命：小孩再生就有！此外，為了減少醫生的壓力，他說：「你就當是在為聖丹尼路（Rue Saint-Denis）的商店老闆娘接生就好，就當是在接生鞋匠的兒子就好」。不到一刻鐘，危機解除，母子均安的任務完滿達成。優先得到照護的新科媽媽狀況良好，反倒是拿破崙走進產房的時候，看到一個嬰兒被放在地上的地毯上！原來眾人狂喜互道祝賀之餘，竟然忘了將拿破崙的兒子，小小新生兒「羅馬國王」②從地上給抱起來。

①產鉗，十七世紀發明之助產器具，狀如大型鐵鉗，用來夾住嬰兒的頭，往產道外拉出。
②羅馬國王（Roi de Rome），一八一一年～一八三二年，又稱拿破崙二世。

路易十八的通靈師湯瑪士・馬丁（Thomas Martin）

路易十八（Louis XVIII），西元一七五五年～一八二四年，路易十六的弟弟，拿破崙垮台後，王權復辟的首位法蘭西國王。有一大段時間流亡並未居住在法國國內，一八一四年～一八二四年實際在位。

該吃藥囉，馬丁！

伊那斯・湯瑪士・馬丁原本只是一位農夫，在厄爾－盧瓦省（Eure-et-Loir）的加拉爾東鎮（Gallardon）和太太及四名孩子過著平凡的日子。一八一六年的某一天，總領天神彌額爾①卻在他眼前現身！祂沒有翅膀，也沒有穿白色的長袍睡衣，沒有鬍子、沒有光環，只是戴了頂大禮帽，穿著藍色燕尾服以及繫鞋帶的皮鞋。穿成這樣來見一位正在田中施放天然肥料的農夫會不會太誇張？沒關係，天使長也不說客套話，直接進入主題，要馬丁趕緊找到路易十八，並向他傳達以下訊息：

「國王有生命危險，有壞人正試圖推翻其政權。」

祂還順便交代了幾句，要國王下令進行公眾祈禱、組織有效率的警察單位、確保星期日不可以工作、重整嘉年華會的籌備……

呃，該吃藥囉，路易！

十分震驚的馬丁立即去找神父尋求意見。神父跟他很熟，也沒有理由懷疑他說的話，所以就指引馬丁去找教會的高層。

歷經千辛萬苦，湯瑪士終於來到巴黎。然而他的苦難可還沒結束，一邊是紳士天使長不放過他，一邊是警察單位要監禁他，馬丁簡直快要走投無路了。

路易十八聽聞此事，以為這位信奉神祕主義的豆農其實是政敵找來搗亂的。不過剛復位不久的國王基於各種原因，仍答應在辦公室和馬丁私下見面。一個小時後，兩人走出密室。國王的雙眼紅腫，似乎哭過。在和自己的通靈農丁道別前，國王再次叮嚀他不要把對話內容講出去，並說：「讓我摸摸這雙天使曾握過的手……請為我祈禱吧，馬丁！」

①總領天神彌額爾（Saint-Michel），天主教天使，基督新教譯為天使長米迦勒。

諷刺路易・菲利普的漫畫家查理・菲利朋（Charles Philipon）

路易・菲利普（Louis-Philippe），西元一七七三年～一八五〇年，法國七月王朝唯一一位國王，一八三〇年～一八四八年在位。

《查理週刊》的前身？

法國人一七八九年革命，結果得到的卻是「白色恐怖」①、「法蘭西帝國」②和兩位「復辟國王」③。到了一八三〇年，人民實在受夠了，決定起義。這場七月革命④又稱「光榮三日」（因為前後歷時三天），成功推翻查理十世⑤。

然而，甫從街頭巷戰回到家中的人民再度失望了。眾人期待的共和國並未成立，取而代之的是又一個王權「七月王朝」。原來路易・菲利普一世撒錢賄賂布爾喬亞菁英分子，讓他們選出自己擔任「法國人的國王」（roi des Français）。

國王和王朝的名字雖然換了，但政策卻是換湯不換藥。特別是在新聞自由這一塊，幾乎和查理十世在位時的限縮政策一模一樣，甚至更嚴厲。關於這點，查理．菲利朋大概是最清楚的人，因為他和他的兩家諷刺性報紙《諷刺畫報》（*La Caricature*）和《鬧報》（*Le Charivari*）總是奮不顧身地批評國王及其部長們的政策，因此常常受到政府打壓。兩家報社的出版品常常被查封，菲利朋本人也在短短兩年內進出法院至少七次。

古代維尼，現代西洋梨？

為了避免受到「欺君之罪」的限縮壓制，菲利朋想到將國王的臉型特徵誇大，用一顆西洋梨來象徵路易．菲利普的手法。原本這樣做是想要低調避險，沒想到讀者大眾看到簡直拍案叫絕。不久後所有人都開始模仿，用西洋梨來取笑、代表路易．菲利普，整個巴黎市的牆上，各式各樣的西洋梨頓時如雨後春筍般出現。

儘管多次被罰款，甚至判刑入獄，但查理．菲利朋卻依然堅持捍衛新聞自由。當他又一次被判刑，乾脆以頭版的方式將判決書的內容寫在一顆西洋梨中報導。

七月王朝在初期短暫允許自由後，很快就又變得保守。一八三五年九月，有人行刺國王，雖然沒有成功，但國王卻藉機指控媒體煽動犯罪，並且恢復了文字思想審查制度。菲利朋的努力堅持不僅為他個人贏得了「諷刺漫畫的尤維納利斯」的美名，也成功發掘了杜米埃⑥，還讓政治諷刺漫畫從此蔚為風潮，成為法國共和新聞自由中一項堅不可摧的傳統。

①白色恐怖，一七九三年～一七九四年，斷頭台時期，法國革命政府為抵抗內憂外患而施行恐怖統治。
②法蘭西帝國，一八〇四年～一八一四年，拿破崙稱帝主政時期。
③兩位「復辟國王」指的是路易十八和查理十世，一八一四年～一八三〇年。
④七月革命（Révolution de Juillet），一八三〇年七月二十七日～七月二十九日，一八三〇年歐洲革命浪潮的序曲，鼓勵了歐洲各地的革命運動，標誌了保守力量未能抑制法國大革命後日益上揚的民族主義及自由主義浪潮。
⑤查理十世（Charles X），一七五七年～一八三六年，波旁復辟時期的第二個國王，一八二四年～一八三〇年間在位，是路易十五之孫、路易十六及路易十八之弟。由於他對天主教、君權神授的強烈擁戴和對自由派的厭惡，引起人民的不滿，七月革命爆發後被迫遜位，流亡英國。
⑥杜米埃（Daumier），一八〇八年～一八七九年，法國著名畫家、諷刺漫畫家、雕塑家和版畫家，是當時最多產的藝術家。

拿破崙三世的牙醫
湯瑪士・W・艾凡斯（Thomas W. Evans）

拿破崙三世（Napoléon III），西元一八〇八年～一八七三年，法蘭西第二共和國唯一一位總統及法蘭西第二帝國唯一一位皇帝，他是拿破崙一世的侄子和繼承人。是法國第一位民選產生的總統，也是最後一位王權帝制君主。

御用牙醫

美國人湯瑪士・W・艾凡斯發明了用黃金補牙的新技術，為牙科醫學帶來了長足貢獻。一位在法國發展的同業告訴艾凡斯，以他的能力要是赴法發展，一定能成為巴黎牙醫界的翹楚。當時和現代剛好相反，許多優秀人才外流的方向是從美洲流往歐洲，於是艾凡斯決定姑且一試。為了增加成功機率，他跟另一位美國同業合夥，而這位合夥人正是法皇拿破崙三世的御用牙醫。有一天，杜樂麗宮方面臨時需要緊急出診，他的合夥人沒空，就派了湯瑪士・W・艾凡斯去。

於是，這位牙醫生平第一次為拿破崙三世看牙。法皇簡直太欣賞他那溫和的手勁和出色的牙醫外科技術，從此也不換了，指定由湯瑪士．W．艾凡斯繼續照顧他的牙齒。

牙醫外交官

兩人從醫病關係，逐漸發展成為友情、甚至是地下顧問的關係。當美國爆發「南北戰爭」①，拿破崙三世立即徵詢這位貴格會②成員牙醫的意見。

當時其實有許多來自美國南方的美國人定居法國，因此法國政府幾乎就要傾向支持南方陣營。然而艾凡斯卻持相反意見。最後，拿破崙三世賦予艾凡斯一項替他打探南北雙方虛實的任務，艾凡斯也接受了。

就這樣，他去面見了林肯總統，以及格蘭特上將③，也見了南方的領袖人物。完成這趟外交任務之後，他回報北方一定會獲勝，並且說服法皇不要承認南方的美利堅聯盟國④。

等到拿破崙三世兵敗色當⑤，這位美國牙醫師仍忠於法皇一家人，並協助歐珍妮皇后⑥逃亡英國，拿破崙三世被囚禁於威廉丘宮（Wilhelmshöhe）時還去探望他，而且接納並照顧法皇的私生子亞瑟．胡根史密特（Arthur Hugenschmidt）。

①南北戰爭，西元一八六一年～一八六五年，美國南北兩陣營因經濟結構差異與對奴隸制度看法不同而爆發的內戰，最後由北方獲勝並廢除奴隸制度。

②貴格會（Quaker），基督教新教的一個派別。

③格蘭特上將（Grant），西元一八二二年～一八八五年，美國上將、政治人物，第十八任美國總統。南北戰爭英雄，政治家，被共和黨一致提名，於一八六八年當選美國總統。

④美利堅聯盟國（Confédération），簡稱「邦聯」，一八六一年～一八六五年間由十一個美國南方蓄奴州宣布從美利堅合眾國分裂而出的政權。

⑤色當（Bataille de Sedan），一八七〇年九月一日，色當會戰為普法戰爭中的決定性戰役，結果法軍慘敗、普軍大獲全勝，大量法軍被俘，連法皇拿破崙三世本人亦淪為階下囚，實際上決定了普法戰爭由普魯士及其盟軍獲勝。

⑥歐珍妮皇后（impératrice Eugénie），西元一八二六年～一九二〇年，法蘭西第二帝國皇帝拿破崙三世的妻子和法國最後一位皇后，來自西班牙一個沒落貴族家庭，自幼年時起便以美貌而聞名。

艾福・德・法驢的心靈導師杜邦祿神父（L'abbé Dupanloup）

艾福・德・法驢（Alfred de Falloux），西元一八一一年～一八八六年，法國史學家與政治人物。

把握機會

一八四八年，路易・拿破崙・波拿巴①決定提名在總統大選中支持他的艾福・德・法驢伯爵擔任「公民教育暨宗教部長」。後者身為一名天主教徒兼正統派②支持者，著眼點主要放在「宗教部長」這一塊。因此，他在回覆接受徵召前，先去找了自己的好友兼告解對象杜邦祿神父。這名神父也答應得很爽快：「接受，當然要接受！」事實上，當時的天主教會已經爭取公民教育的「自由化」（這裡指的是宗教團體得以再度在法國境內辦學的自由）二十年而不可得了。看到這千載難逢的機會，杜邦祿趕緊向法驢施壓，要他接受部長的任命。

獨厚教會

艾福．德．法驢成為部長以後，最核心的政治理念其實就是對天主教的支持，因此，他所草擬的法案也都往這個方向走，對教會有百利而無一害，堂堂部長卻彷彿是在為杜邦祿代筆一般。一八五〇年三月十五日法令頒布後，恢復所有宗教團體、個人、協會和會眾在法國開辦學校的權利。要當中學老師，只要曾通過高中會考（Bac，高中畢業考），或曾參加師資培訓就可以。至於小學，修女想要擔當教師，只要拿到修道院住持或當地主教的許可就行了。不僅如此，「自由學術機構」（這裡指宗教團體開辦的私立學校，非公家可管束）還可以得到國家發配的校舍和補助，而且教職員不需要具備任何文憑，不像世俗的公立學校教職員。

在其回憶錄中，法驢曾描繪其政策主軸：「讓上帝進入教育體制。教宗率領教會。教會帶領文明。」還真是簡明扼要啊！

法驢所頒布的教育法，一直到西元二〇〇〇年才被正式廢除，而且法國國民教育法至今依然保留了其中一部分。

①路易．拿破崙．波拿巴，即後來的拿破崙三世，一八四八年選上總統，爾後於一八五一年發動政變後才稱帝。
②正統派（Légitimistes），擁護波旁王朝的保王主義派系。

儒勒．格雷維的西洋棋友
查理．路易．德．肖塞斯．德．弗雷西內（Charles-Louis de Saulces de Freycinet）

儒勒．格雷維（Jules Grévy）西元一八〇七年~一八九一年，法國共和派政治家，首位共和派法國總統。一八七九年~一八八七年執政期間，確定了第三共和在法國的建立。

小氣財神

從一八七九年一月到一八八七年十二月，儒勒．格雷維在艾麗榭宮①住了將近九年整，雖說是用租的，但國家發給他的住宿津貼，他可沒有全部拿去花掉。格雷維並不是一個好大喜功的人。不過，他仍然在艾麗榭宮興建了一座冬令時節的花園，安裝了電話也添購了一具吊鐘。社交晚宴的部分，他僅僅做到最低程度的開銷：每年三場就夠了。至於外訪行程更是簡單：一次都沒有，是說相關津貼他還是照領不誤就是了……就這樣，這位中產階級布爾喬亞出身（他原是律師）的總統，儘管還算謹守分際，但卸任離職時的確比剛上台前富有。也難怪眾人會說他是小氣財神。就連報紙媒體也抓住他的這項特質嘲笑，說有一位年輕人穿著晚禮服在麵包店被抓到偷竊，結果聲稱自己是剛在總統家用完晚餐，竟然獲得法官的同情，說他是迫於不可抗拒之因素，情有可原而輕判。

免費下棋

格雷維節儉成性，就連自己的娛樂也不願意多花不必要的錢，僅用手邊有的資源就夠了。他只在約瑟芬[2]曾住過的房間內放了一張撞球檯，據說他的技術還不錯。不過，格雷維最愛的休閒娛樂其實是西洋棋，而且他有一位非常稱職的棋友，名為查理・德・弗雷西內。後者不僅擁有出色的棋藝，還懂得組織資源，擅長使用各類戰術。德・弗雷西內不僅是名高材生，從巴黎綜合理工學院[3]畢業，也是法國礦業團[4]的一員。在格雷維擔任總統期間，曾三次擔任其總理，甚至還身兼外交部長一職。所以格雷維有非常好的理由將查理・德・弗雷西內召進艾麗榭宮，討論工作也順便放鬆一下，而且不花一毛錢！

①艾麗榭宮（l'Élysée），法國總統的官邸與辦公室所在地。
②約瑟芬（Joséphine），西元一七六三年～一八一四年，拿破崙的第一任妻子，法蘭西第一帝國的皇后。
③巴黎綜合理工學院（École Polytechnique），一七九四年創立的工程師大學院，是一所公立的教學、科研機構，隸屬於法國國防部，被認為是法國最頂尖的工程師大學，被譽為法國精英教育模式的巔峰。
④法國礦業團（corps des mines），法國政府主要技術大團體，其成員常在法國政府技術部門從事政策制定職位。由法精英工程學校的前幾名畢業生所構成，每年增加的總人數約為二十人或更少。

為歐仁．鮑狄埃的《國際歌》譜曲的作曲家皮埃爾．狄蓋特（Pierre Degeyter）

歐仁．鮑狄埃（Eugène Pottier），西元一八一六年～一八八七年。

革命詩人

歐仁．鮑狄埃原本是一位在布料上繪圖的工人，不過他有空時也會寫寫詩。他在巴黎公社①期間很活躍，還當上巴黎第二區的區長。一八七一年，起義失敗時他被警方追捕，躲在一個小房間中，閒來無事就寫了首詩，後來成為著名國際共產主義運動頌歌《國際歌》的歌詞。不過這期間可是經歷了一番波折，該詩一直等到一八八七年鮑狄埃即將逝去才出版，差一點就掉入歷史深淵而被遺忘。

革命作曲家

隔年也就是一八八八年，另一位工人，這次是比利時人，為該首詩譜曲。這名工人的名字是皮埃爾．狄蓋特，出生於根特②，而後跟隨父母移民到里耳③。他原是鐵路工人，負責拉接各種纜線，不過他的最愛卻是音樂。與其說他喜愛鐵道鐵軌的平行線，不如說他更愛樂譜上的平行線。藉由不斷參加各種業餘音樂班，他終於拿下幾項作曲比賽的桂冠，並成為社會主義分子組成的合唱團「勞工的里拉琴」團長。有一天，法國勞工黨決定請他為鮑狄埃的詩譜曲。

於是，他每天就坐在小酒館「自由咖啡」（也是同名協會的集合地點）裡面的小房間內，用一台老舊的簧風琴作曲。他的老闆當然很不高興，而且視他為一名危險的革命分子，還為此把他趕出城。多年後的一九二七年，蘇聯將《國際歌》選為國歌，因此隆重邀請狄蓋特前往莫斯科，參加十月革命的十週年紀念慶典。史達林還發給他一份每年領取的津貼，當作是著作權權利金。儘管作品如此響噹噹，但兩位作詞、作曲人的名字卻鮮為人知。

①巴黎公社（la Commune de Paris），一八一七年三月十八日到五月二十八日之間，短暫統治巴黎並且宣布欲接管法國全境的起義政府。
②根特（Gand），比利時佛拉蒙區的一個城市。
③里耳（Lille），法國北部城市。

舉發無政府主義者法蘭索瓦・哈發卓的咖啡廳服務生

儒勒・雷侯（Jules Lhérot）

法蘭索瓦・哈發卓（François Ravachol），西元一八五九年～一八九二年。

法網恢恢

「若想要幸福，天殺的！
就吊死房東，
砍死神父，天殺的！
教會踩腳下……」

這就是一八九二年七月十一日，哈發卓上斷頭台時口中唱的歌。他從貧困且充斥教會教條的童年中學到的是：對不公不義和欺壓弱勢者的憤怒和抵抗。他被稱為「無政府主義者的正義使者」，不是沒有原因的，因為不管是走私、印假鈔、盜墓、刑案、預謀用炸彈殺害法官，他樣樣都來。當然早早就成為一名通緝犯。

店小二變英雄

一八九二年三月三十日，他再次光顧位於馬真塔大道（Boulevard de Magenta）二十四號的「維里咖啡」（café Véry）。幾天前他曾和店裡的服務生儒勒．雷候聊過幾句。這次雷候很確定，在他面前的正是報紙上提到的那名炸彈客，他記得照片沒錯。於是他鼓起勇氣，藉機打電話給警察。這下子來了十幾名警員，制伏並逮捕了哈發卓。

同年的四月二十五日，就在哈發卓的審判即將召開之際，哈發卓的朋友弟歐杜．末涅①用炸彈把「維里咖啡」給毀了。爆炸的威力驚人，附近房屋的玻璃都被震碎了，咖啡店的老闆同時也是儒勒．雷候的連襟，以及一名客人當場死亡。

至於儒勒．雷候則幸運逃過一劫，不僅毫髮無傷，還拿到了四百法郎的舉發獎金。他知道此地不宜久留，遂決定出國避避風頭。過了一段時間後他才回到法國，並且順利申請進入警界服務。

①弟歐杜・末涅（Théodule Meunier），西元一八六〇年～一九〇七年，無政府主義者，炸彈客。

指控德雷福斯的刑事專家
阿方斯・貝蒂榮（Alphonse Bertillon）

阿弗列・德雷福斯（Alfred Dreyfus），西元一八五九年～一九三五年，法國猶太裔軍官，一八九四年被誤判為叛國，歷經多年屈辱於一九〇六年獲得平反，是當時法國社會反猶太主義、軍事迫害、司法不公的著名案例。

匪諜就在你身邊

時至今日，大家都知道不要隨便在硬碟存放檔案，或上傳東西到網路上。以前的人則是要注意，不要隨便把東西丟到辦公室的垃圾桶中。著名的德雷福斯事件就是這樣起頭的：一張半被撕掉的匿名單據，在垃圾桶裡被找到，證明有人將祕密文件給了德國駐巴黎的軍事聯絡官。在普法戰爭法國戰敗的時空背景下，這種洩密行為簡直無法想像。於是法方展開調查，用單據上的字跡試圖找出是誰通敵。

冤案

阿方斯．貝蒂榮在眾人眼中是最適合負責調查的人：他在警察總局不僅發明了「刑事人體測量學」專門追捕累犯，同時還是「刑事辨認實驗室」的負責人，他一定可以辨識字跡吧！說起來似乎很容易。

然而，刑事鑑定科學五花八門，簡直隔行如隔山，貝蒂榮運用字跡辨識分析後，很快就認定罪犯是阿弗列．德雷福斯上尉，一位來自阿爾薩斯的猶太人軍官，同時也是一位巴黎綜合理工學院的畢業生。

貝蒂榮其實是一個虛榮的人，或許這樣指控一位高材生，是為了平復自己三次未能考進菁英學校的不滿心情吧？無論如何，他在軍方的「適度」施壓之下，作證說明單據上的字跡跟德雷福斯的明顯相像，並且認為犯罪事實「無庸置疑，絕對可信」。話說得斬釘截鐵，事後證明他還真是「無庸置疑」的專家呀！

為菲利・福爾進行臨終祝禱的神職人員雷諾神父（L'abbé Renault）

菲利・福爾（Félix Faure），西元一八四一年～一八九九年，法蘭西第三共和國第六任總統，一八九五年當選，一八九九年在任內死亡。

桃色風暴

一八九九年二月十六日，晚間六點半，五十八歲的法國總統菲利・福爾倒臥在艾麗榭宮銀廳的沙發上。綽號「太陽總統」的他，健康狀況可不光明。他和情婦梅格・史坦嗨①的最後一次翻雲覆雨，似乎讓他引發「馬上風」而倒地不起。醫生們的診斷是「腦溢血」，總統最忠實的幕僚長樂・嘉爾（Le Gall）迅速判斷他可能已經回天乏術，該是時候考慮總統的永世救贖。於是，樂・嘉爾不管三七二十一，趕緊傳人去找附近馬德萊娜教堂（Église de la Madeleine）的神父。偏偏神父出去了。慌忙之間，樂・嘉爾再派衛兵去找神父，任何一個都好，只是要趕快。不過，像這樣一個冬天的夜晚，要找到神父看來機會渺茫。

緊急救贖

幸好，雷諾神父正好騎腳踏車經過聖奧諾雷市郊（Faubourg Saint-Honoré）。臨時被徵召的雷諾神父趕緊跑到即將奄奄一息的總統身邊。只可惜他身上並沒有臨終祝禱所需要的器具裝備，畢竟這是突發狀況，他的腳踏車上並沒有帶。嚴格說起來，這樣是沒有辦法為總統進行臨終祝禱的，得要回去拿聖器，但就是不知道總統還能不能撐到那時候。迫於無奈，雷諾神父先赦免了總統生前的一切罪孽，如此一來，菲利・福爾這位共濟會②成員最後一次配合了太太的信仰。非常虔誠的福爾夫人在一旁隨著雷諾神父的引導，為其先生靈魂的救贖完成了最後一次祈禱。

①梅格・史坦嗨（Meg Steinheil），西元一八六九年～一九五四年，畫家之妻，社交名媛，多位政經名人之情婦，包括法國總統菲利・福爾。

②共濟會（franc-maçon），遍布全球的兄弟會組織，擁有獨特儀式和標誌，不一定信上帝。

差一點成為貝當元帥岳父的人
萊昂・賀佳（Léon Regad）

貝當元帥（Philippe Pétain），西元一八五六年～一九五一年，法國陸軍將領、政治家，第一次世界大戰期間曾擔任法軍總司令，與德國對戰，成為民族英雄。第二次世界大戰之初，卻向入侵法國的納粹德國投降並與之合作，成為法國維琪政府的元首、總理，至今在法國仍被視為叛國者。

門當戶對？

不要因為歷史課本中的照片，就以為貝當元帥是那個老態龍鍾、有八字鬍並且為法國「奉獻」一生的老元帥，好嗎？人家也是有年輕過的，而且還帥帥的頗有女人緣。正因為他風流倜儻，異性緣極好，所以許多紅粉知己最後仍知難而退，並未與他共結連理。三十三歲那一年，這位帥氣軍官似乎終於找到了靈魂伴侶，是位叫做瑪莉・路易絲・賀佳（Marie-Louise Regad）的法蘭琪—康堤地區①富商之女。據説兩人是他駐紮在貝桑松②期間認識的。

千金難買早知道

無奈事與願違，少女的父親萊昂．賀佳（Léon Regad）身為富商成功人士，對於工作、家庭和門當戶對的概念非常執著，至於報效國家則不在他的考慮之內。這位大老闆一點也沒有被年輕軍官的軍服所吸引，更沒有震攝於軍隊的壯大軍容，對她來說女兒的婚姻就像是一筆生意，而且條件很清楚，沒得商量：要娶她的女兒就要到他所擁有的坎塞③煉鋼廠上班。

戀愛中的男人非常為難，問了親叔叔的意見，最終還是決定算了：他不願意為準岳父萊昂．賀佳工作，也就得放棄取瑪莉．路易絲。畢竟好不容易從法國最好的聖西爾軍校④畢業，可不是為了成為煉鋼工人啊！之後如何，想必大家就比較熟悉了。菲利浦．貝當沒有從軍隊退役，而萊昂．賀佳也沒能活得夠久，不知道自己錯失了改變法國命運的機會。

①法蘭琪—康堤地區（Franche-Comté），法國東部地區，東鄰瑞士。
②貝桑松（Besançon），法國東部城市。
③坎塞（Quincey），法國東部市鎮。
④聖西爾軍校（Saint-Cyr），一八〇二年由拿破崙創立，法國最重要的軍校。

自尊心受創掌摑萊昂・布魯姆的劇作家皮野・韋伯（Pierre Veber）

萊昂・布魯姆（Léon Blum），西元一八七二年～一九五〇年，法國政壇溫和左派的代表人物和三任總理。法國第一位社會黨籍（也是第一位猶太人）總理。因反對維琪政權而遭到逮捕，一九四五年才獲釋。戰後成為法國主要的元老政治家之一。

臉皮太薄？

大家或許都看慣萊昂・布魯姆那高挑優雅的身材和圓圓的眼鏡，知道他曾協助左拉①為德雷福斯平反，也曾在《人道報》②擔任記者撰寫關於勞工的社會報導，並成為法國社會黨領袖、總理，主導人民陣線③等事蹟。這些都沒錯，不過身為知識分子，布魯姆可不僅僅如此，鮮有人知他閒暇之餘還會換頂帽子，寫寫文學和戲劇評論，而且筆鋒犀利，一點也不輸他的政治評論。

華山論劍

劇作家皮野．韋伯④就深受其害。一次世界大戰爆發前，有一次皮野．韋伯的最新戲碼竟然被萊昂．布魯姆批評得體無完膚、一無是處，害他顏面盡失。火冒三丈的韋伯遇到布魯姆時並沒有像文人一般反唇相譏或用筆戰反擊，而是直接過去摑了他一巴掌。這下輪到布魯姆感覺受辱，於是提議要和對方決鬥。決鬥的理由是：「文學差異引發之侵權行為」。一九一二年十月間，雙方相約在巴黎郊外的草地上。雙方拔劍，動作靈敏的布魯姆一記直劍，直接刺中對手肝臟附近部位，差點要了對方的命。決鬥結果很明顯，雙方也就此罷手，幸好傷勢不算太嚴重。雙方的榮譽也得到了保障，皆大歡喜。

①左拉（Zola），西元一八四〇年~一九〇二年，十九世紀法國最重要的作家之一，自然主義文學的代表人物，亦是法國自由主義政治運動的重要角色。

②《人道報》（L'Humanité），一九〇四年創刊，知名法國左派報紙。

③人民陣線（Front populaire），二十世紀上半葉法國出現的一個左翼政治聯盟。

④皮野．韋伯（Pierre Veber），法國當代劇作家、導演、製作人法蘭西斯．韋伯（Francis Veber）的曾祖父。

與尚・饒勒斯在上弦月咖啡同桌共餐
皮野・雷諾德（Pierre Renaudel）

尚・饒勒斯（Jean Jaurès），西元一八五九年～一九一四年，法國社會主義領導者，是最早提倡社會民主主義的人物之一，宣揚和平主義觀點但預言第一次世界大戰將發生。同時也是著名的《人道報》創辦者，一九一四年在巴黎被刺身亡。

最後的晚餐

一九一四年七月三十一日，全球列強正摩拳擦掌，一場腥風血雨彷彿馬上就要爆發。饒勒斯卻認為仍有機會扭轉情勢，避免戰爭。一如往常地，他將於晚間為《人道報》截稿，繼續努力不懈用文章倡議和平，不過在截稿之前得和編輯群一起吃晚餐。雷諾德、多里哀（Dolier）、龍格①、蘭德里（Landrieu）和另外幾位同事，都跟他一起坐在蒙馬特路一四六號的「上弦月咖啡」（La Chope du croissant）。那是離報社最近的一間餐廳。

所有與會者之中，雷諾德或許是饒勒斯最信賴的朋友。從德雷弗斯事件開始，雷諾德就常常讀饒勒斯的文章報導，對他更是深深欽佩。加入社會黨之後，雷諾德也是饒勒斯的派系支持者。饒勒斯對他也很信賴，兩人已成為好友。一九〇六年，雷諾德加入《人道報》工作，兩人從此展開長期的合作關係。

不速之客

晚間八點四十分，眾人已經開始吃甜點草莓塔了。天氣非常炎熱，因此窗戶大開著，直接通往馬路。饒勒斯背對著窗戶坐著，突然窗簾被拉開，一隻手拿著槍朝他的頭部開了兩槍。排版師梯謝（Tissier）原本在咖啡廳外面透透氣，看到殺手開槍後往雷奧米爾路（rue Réaumur）逃跑，就追了上去，用手杖打暈了他。

警察趕到的時候凶手隨之就範。然而整個巴黎市已經一片譁然：「有人殺了饒勒斯！」

皮野．雷諾德原本是名獸醫，但好友兼導師饒勒斯死後，他義不容辭接下了《人道報》總編輯的工作。八月三日，德國向法國宣戰，第一次大戰已經躲無可躲、避無可避，《人道報》這份社會主義的反戰報紙不得不調整論述路線，改為支持捍衛共和國的戰爭。一九一八年十月，一次世界大戰即將結束，雷諾德才交棒給馬賽爾．加香②。

①龍格（Longuet），西元一八七六年～一九三八年，社會主義政治家、記者，曾在《人道報》工作。
②馬賽爾．加香（Marcel Cachin），西元一八六九年～一九五八年，法國工人運動領袖，法國共產黨的創始人之一。

喬治・克里孟梭的牙醫
亞瑟・胡根史密特（Arthur Hugenschmidt）

喬治・克里孟梭（Georges Clémenceau），西元一八四一年～一九二九年，法國政治家，人稱「法蘭西之虎」或「勝利之父」。原為醫生，後成為激進共和黨集團領袖，兩次出任法國總理，分別是一九〇六年至一九〇九年和一九一七年至一九二〇年。

名醫

亞瑟・胡根史密特從老師美國人湯瑪士・W・艾凡斯身上學到很多，不管是牙醫方面或外交方面都是。前文提過艾凡斯醫師是拿破崙三世的牙醫，而亞瑟則是法皇的私生子。亞瑟在其位於馬勒塞爾布大道（Boulevard Malesherbes）二十一號的牙科診所中，幫許多文人雅士、名人政要看牙，其中包括：馬拉美①、巴斯德②、莫內（Monet，畫家）、彭加勒③、杜梅格④等人。喬治・克里孟梭也是他的病患之一。這位人稱「法蘭西之虎」的政治家，不僅將（虎？）牙交給他，也常和他討論自己憂心之事，可見有多信任他。而身為總理的克里孟梭，即便第一次世界大戰已結束，仍有許多牙齒以外的問題令他煩心。

胡根史密特正在幫克里孟梭麻醉，話題突然轉到了亞爾薩斯—洛林⑤兩個省分的歸屬問題。當時正在談判擬定第一次世界大戰後的《凡爾賽條約》，可以想見這是多麼核心又棘手的問題。

牙科診間的國際政治

胡根史密特本身對亞爾薩斯—洛林非常有感情，畢竟那是他表面上的雙親故鄉，也是他度過童年的地方。然而克里孟梭卻向他坦承，法國要拿回這兩個省分恐怕有難度，原因是法國的盟友英國和美國，在當時一致認為當地的文化語言都是以德文為主。

亞瑟一邊幫總理治療，一邊提到歐珍妮皇后所持有的一封信。原來他雖然是法皇的私生子，卻和正宮皇后保持著良好關係，因此皇后曾將信拿給他看。信中威廉一世⑥坦承之所以會將這兩個省分納入版圖是基於軍事戰略考量，即便他知道當地其實屬於法國。

這樣一來問題不就解決了？克里孟梭趕緊請亞瑟代為向歐珍妮皇后索取該封信件。拿到信件之後，他就多了一張祕密王牌，可以說服美國總統威爾遜（Wilson）和英國首相勞合．喬治（Loyd George）。若他們仍堅持認為亞爾薩斯—洛林應屬德國，那他就可以拿出信，問他們：「人家威廉一世和俾斯麥（Bismarck）都說亞爾薩斯—洛林本屬法國了，難道你們比他們還要更德國人？」這樣一來，英美領袖才不得不屈服。

要不是剛好牙痛，又有這樣一位牙醫兼外交家，亞爾薩斯—洛林的命運或許會大不同也不一定？

①馬拉美（Mallarmé），西元一八四二年～一八九八年，十九世紀法國詩人，文學評論家，早期象徵主義詩歌代表人物。

②巴斯德（Pasteur），西元一八二二年～一八九五年，法國微生物學家、化學家，微生物學的奠基人之一，以發明預防接種方法以及巴氏殺菌法而聞名。

③彭加勒（Poincaré），西元一八六〇年～一九三四年，法國政治家，是第三共和國任期最長的總理。

④杜梅格（Doumergue），西元一八六三年～一九三七年，法蘭西第三共和國第十二位總統，任內經常出現政治不穩定局面。

⑤亞爾薩斯—洛林（Alsace-Lorraine），普法戰爭法國戰敗後，割讓給德國的兩個最東部省分。

⑥威廉一世（Guillaume I），西元一七九七年～一八八八年，一八六一年～一八八八年間為普魯士國王，一八七一年起同時身兼德意志帝國第一任皇帝。

救了保羅．德沙內爾一命的鐵路工人安德烈．哈多（André Radeau）

保羅．德沙內爾（Paul Deschanel），西元一八五五年～一九二二年，法國政治家，一九二〇年二月至同年九月間擔任法蘭西第三共和國總統，因健康因素辭職。

跳車總統

一九二〇年五月二十三日，晚間九點二十分，里昂火車站。一列火車即將出發。車上載著才剛上任幾個月的法國總統保羅．德沙內爾，目的地是蒙布里松①。總統隔天要為一個新建的一次世界大戰英雄紀念碑剪綵。火車才啟動沒多久，總統就將車廂的門鎖上並交代眾人不要打擾。他感覺身體不太舒服，或許是流感吧，量過體溫後他發現自己正在發燒而且體溫不低。於是，他決定早早上床睡覺，先把衣服脫了，還吃了些安眠藥，然後倒頭就睡。可惜發燒卻沒有退。半睡半醒的總統，滿身大汗地爬起來，想要打開車窗呼吸點新鮮空氣，沒想到推窗力道太大，一不小心竟然掉到行進中的列車外！

救星出現

另一方面，在蒙塔日②附近，一名叫做安德烈．哈多的鐵路工人正利用夜間巡視軌道。他拿著提燈照明，卻見一個穿著睡衣、赤腳落魄的男人走過來。

安德烈．哈多簡直不敢相信自己的眼睛，等到聽了對方的話，又輪到不敢相信自己的耳朵，因為那位出事的老兄竟斬釘截鐵地跟他說：「我是總統。」安德烈心想：「最好是啦，那我不就英國女王！」不過不管他是誰，總要讓他遠離軌道避免被列車撞到。就憑著這樣的簡單想法，鐵路工人陪著那位跌落列車的仁兄來到平交道管理員的家中，讓他暫時休息一下，同時也救了他一命。平交道管理員古斯塔夫．達溜（Gustave Dariot）也很夠意思，半夜仍向上級報告，就連當地的副地方官也被挖起來聽這匪夷所思的事件報告。這位被挖起來的路易．樂宿（Louis Lesieur）後來親自來到落難總統的身邊，陪著他等德沙內爾夫人、總統的兒子還有總理來接他回去。回到艾麗榭宮的德沙內爾總統，後來有撐了幾個月，才終於以健康因素為由辭去總統的職位。

話說回來，安德烈．哈多的確做了正確決定，因為不管是總統還是一般人，遇到那種狀況絕對都需要被救治。正因為好心做了善事，所以他的名字永遠跟德沙內爾總統一起被記載在歷史中，這也算是某種好心有好報吧。

①蒙布里松（Montbrison），法國中南部城市。
②蒙塔日（Montargis），法國中北部城市，在巴黎南方。

加斯東．杜梅格的拉丁文老師阿鮑齊特牧師（Pasteur Abauzit）

加斯東．杜梅格（Gaston Doumergue），西元一八六三年～一九三七年，法蘭西第三共和國第十二位總統，任內經常出現政治不穩定局面。

好學不倦

即便已經入主艾麗榭宮，加斯東．杜梅格總統仍被人暱稱為「小加斯東」，這可能是因為他的法文有南法腔的關係，每每遇到R這個字母都會捲舌。事實上，他出生於朗格多克①悠久的地主世家，家境小康，是塞文地區（Cévennes）的基督教徒，父親則是一位葡萄農。這樣的身世，大概沒有人會想到他有朝一日可以當上法國總統。在故鄉艾格維沃村（Aigues-Vives）讀完小學後，他在尼姆鎮（Nîmes）就讀寄宿學校。加斯東雖然很好動，卻也很聰明好學認真。暑假期間，加斯東會回家幫忙收成，但單純的勞力工作並無法滿足他好奇向學的心。

學霸總統

於是，家人把他引薦給附近卡爾維松村（Calvisson）的牧師弟歐鐸・阿鮑齊特（Théodore Abauzit）。作為他在校成績優異的獎勵，這位曾在日內瓦和柏林就讀的牧師，答應在暑假期間額外教他希臘文和拉丁文。不久，「暑期輔導」的成效顯現出來，讓他不僅直接跳級，不用念高中一年級，還拿了許多拉丁文翻譯和拉丁文詩的獎。爾後，他在剛滿十八歲那一年就通過高中畢業考，在當時是非常不容易的事。最後，他成為了一位法學博士。

在成為法國總統之前，他在克里孟梭和白里安②執政期間曾擔任公民教育與藝術部長。雖然牧師對他的教育養成影響深遠，但杜梅格始終相信教育應該維持公立與世俗化，不受宗教信仰左右，並且教導共和理念。

①朗格多克（Languedoc），法國南部臨地中海的地區，首府是蒙彼利埃。

②白里安（Aristide Briand），西元一八六二年～一九三二年，法國政治家。曾擔任法國社會黨總書記。一九〇六年～一九三二年間當過十一次法國總理，二十六次部長。一九二六年獲諾貝爾和平獎。

挑釁保羅．杜美路易．巴爾都（Louis Barthou）

保羅．杜美（Paul Doumer），西元一八五七年～一九三二年，法蘭西第三共和國第十四任總統，一九三一年上任，五個兒子當中有四人於一次世界大戰中戰死，一九三二年任期內遭暗殺身亡。

苦行僧？工作狂？

加斯東．杜梅格卸任總統後，於一九三一年上任的保羅．杜美不抽菸、不喝酒，不愛吃美食，而且每天工作十八個小時、睡五個小時，他覺得放假是不良的社會習慣，更厭惡膚淺豔俗的娛樂表演節目，認為那只是社會風氣敗壞沉淪的表象。

秀才遇到兵

這樣一位正直嚴謹的總統，自然成為路易．巴爾都挑釁的對象，畢竟後者也當過總理，雖然回歸當記者，但理念和杜美截然不同，兩人分屬不同陣營。身為「共和主義記者協會」的理事長，他邀請國家元首蒞臨「巴黎賭場」①的一場慈善演出，暗地裡其實希望激怒保守的總統，開個玩笑讓大家有新聞可寫。為了確保效果，他還特地「加重口味」，讓台詞更「鹹濕」，布景更大膽。結果果然不負眾望，總統成功被「整」，要不是已經把雨傘寄放在櫃台，大概會氣得拿起來打人。儘管如此，總統仍不動聲色，有風度地等到中場休息，才火冒三丈地離開現場。他穿著燕尾服回到艾麗榭宮才讓怒氣爆發：「這群人真該用火刑對待，牢牢將印記烙印在他們身上。」

保羅・杜美曾誓言讓總統的職位，重新獲得崇高的道德地位。只可惜他才上任十個月二十四天就被暗殺，沒能真正發揮影響力或留下建樹。更諷刺的是，他被暗殺時正在為一場展覽——關於一次世界大戰期間的作家——進行開幕致詞，卻被一位反對布爾什維克②（bolchévique，在俄語中意為「多數派」，俄國社會民主工黨中的一個派別）的激進分子槍殺。顯然即便不喜歡挑釁，還是有可能激怒他人。

①巴黎賭場（Casino de Paris），雖然名為賭場，但實際上是一個音樂廳。
②布爾什維克（bolchévique），在俄語中意為「多數派」，俄國社會民主工黨中的一個派別。

邱吉爾的保母
伊莉莎白．安．埃佛勒斯（Ann Everest）

邱吉爾（Churchill），西元一八七四年～一九六五年，英國保守黨籍政治家、演說家、外交家、軍事家和作家。第一次世界大戰期間，曾赴法國前線參戰，第二次世界大戰時成為首相，領導英國及同盟國對軸心國的戰爭，並取得了最終勝利。

母性的聖母峰

邱吉爾於二次大戰期間擔任首相時曾說：「我能奉獻給國家的只有血、汗與淚。」這大概可以歸功於他的保母，更正確地說是他實際上的養母伊莉莎白．安．埃佛勒斯，讓他度過了快樂的同年，才能把血、汗與淚留給國家。

超級保母

邱吉爾兩歲時，親生父母就按照維多利亞時代貴族的習慣，將小孩交給別人代養。伊莉莎白．安．埃佛勒斯接受了這項任務後，把它當作是一項神聖使命，是志業而不是職業。她自己沒有孩子，所以從邱吉爾父母手中接手這個，親娘含蓄稱為「些許難養」（老實說是「不受教」）、親爹幾近討厭的小鬼頭。然而伊莉莎白・安・埃佛勒斯簡直是母性光輝的極致，她知道何時該安撫、安慰、疼愛、協助，卻也知道何時應堅定把持規範，將自己的基督教信仰與倫理價值一股腦兒全都灌輸給了孩子，將原本愛大吼大叫、愛打架又愛欺負人的小魔頭塑造成善良的青年。就這樣，不受控的小流氓逐漸變成了溫斯頓爵士。

邱吉爾一輩子都把他暱稱為「姨姨」（Woom）的照片相框放在辦公桌上。即便九十幾歲臨終前，她的照片依然擺在他的床頭櫃上。

墨索里尼的理髮刮鬍師

路易吉・伽白尼（Luigi Galbani）

墨索里尼（Mussolini），西元一八八三年～一九四五年，義大利政治人物，法西斯主義的創始人，人稱「領袖 El Duce」，亦是第二次世界大戰中的軸心國領袖之一。於義大利實施獨裁統治，最終失勢逃亡被義大利抵抗運動游擊隊逮捕並槍決。

莫札瑞拉理髮師

伽白尼？沒聽過！那麼莫札瑞拉起司[1]總吃過吧？路易吉・伽白尼正是發明該種起司的家族一員。不過，他老兄卻選擇放棄乳酪，轉行改幫人理髮刮鬍子。剛滿二十一歲的他優雅而注重外型：白色麻布西裝，搭配合身的襯衫與大紅色的領帶，還拿著一根銀色杖頭的手杖。千萬不要戴帽子，因為會影響髮型。在城裡，大家都認識他。不過，墨索里尼的手下第一次找上他時可沒有跟他客氣：只要他把理髮刮鬍期間聽到的任何一句話洩漏出去，遭殃的可不只是他，還有他的家人和朋友。小心被剃光頭。

高壓的工作

這可不是虛聲恫嚇，路易吉第一次幫墨索里尼刮鬍子，刮鬍刀才靠近「領袖」那麼一點點，背上就感覺到有異物頂著：原來保鑣已將一把槍頂在他的兩塊肩胛骨中間。他簡直嚇到腳軟，全身發抖，卻仍機警提醒這名重要客人，若手太抖傷了頸動脈可不得了。「領袖」同意了，命令手下立即收起傢伙。路易吉手腳俐落，一下子就幫獨裁者服務完畢，反正他的頭髮本就不多。事實上，墨索里尼雖然是禿頭，但卻愛漂亮。有什麼比理光頭更能掩飾禿頭呢？路易吉替墨索里尼把圍裙拿掉時才發現，原來領袖自己也拿著一把槍對準著他。這是獨裁者從黑手黨老大那裡學到的，畢竟小心駛得萬年船。

不過說到底，墨索里尼既然沒有直接拿槍威脅他，理髮刮鬍師也就漸漸習慣了。兩人雖不能說真的成為好朋友，但也逐漸有了點信任基礎，後來甚至成為獨裁者的專用理髮師，甚至連情婦克拉拉．貝塔奇（Clara Petacci）需要除毛也是交給路易吉，因此他得以出入領袖的個人別墅。

一通電話一條命

即便後來墨索里尼已經過世多年，路易吉仍然沒忘記要守口如瓶，因為深怕有伺機復仇的法西斯殘黨。到了一九六〇年代中期，他才向姪女希而薇．法多里尼（Silvi Fattorini）透露他有次無意間聽到的對話。當時路易吉正在隔壁的房間等待墨索里尼打完一通重要電話。原來墨索里尼正在交代如何「處理」他的第一任妻子伊達（Ida Dalser）以及他們所生的兒子阿爾比諾（Benito Albino Mussolini）。伽白尼立時確認兩人將有殺身之禍，而自己若不小心的話也很可能一樣。為了避開厄運，他悄悄躺到沙發上，在臉上蓋了一條毛巾假裝睡著了。等克拉拉．貝塔奇推門走進來，他才驚醒：自己原本是在裝睡後來竟真的睡著了，剛好不用演起床醒來的戲碼，也就沒有被懷疑聽到什麼不可告人之事。

到了一九八〇年代，一齣關於墨索里尼的影集製作團隊找上他。男主角喬治．C．史考特[2]希望能得到他的協助，讓扮相更接近墨索里尼本人。不過，路易吉．伽白尼卻推辭了，原因是他已經收起刀具退休不幹了，也不想再去回顧過往。時代已經不同，大家都在用電動刮鬍刀，也沒有人還有錢有閒，去找理髮刮鬍師為自己理容了。

①莫札瑞拉起司（mozzarella），一種源於義大利南部的淡起司。
②喬治．C．史考特（George C. Scott），西元一九二七年～一九九九年，美國的舞台劇和電影演員，導演和製片人。曾經獲得奧斯卡最佳男主角獎。

希特勒的鋼琴師
恩斯特．漢斯塔格（Ernst Hanfstaengel）

希特勒（Hitler），西元一八八九年～一九四五年，德國政治人物，前納粹黨領袖，一九三三年至一九四五年間擔任德國總理和元首。發動第二次世界大戰，並為猶太人大屠殺的主要策劃者、發動者之一。

重要支柱

大家都叫他「小個子」，可是你若以為他矮可就錯了，因為他實際上有兩百公分高。

說「小個子」是希特勒的鋼琴師當然很引人注目，但其實不止於此。事實上，恩斯特．漢斯塔格可以說是為希特勒打理一切的好幫手：他是希特勒的金主（做政治宣傳洗腦奪權是很花錢的），也為他寫了許多首「振奮人心」的納粹歌曲，幫他出版自傳《我的奮鬥》，此外還當希特勒的形象顧問（「鬍子該留大一點」），並將家門敞開，讓家人成了希特勒的接待家庭（漢斯塔格的兒子最愛跟「阿道夫叔叔」玩了，而希特勒對漢斯塔格夫人似乎也頗有意思），甚至幫他找女人（他一直不斷提供女性友人給希特勒，或許是要轉移後者對自己太太的興趣）。不過，最後一項努力終究徒勞無功，因為「小個子」最後發現一件事並寫在其回憶錄中：希特勒是性無能。

恩斯特．漢斯塔格的作為中影響比較大的是，利用自己的出身、人脈，引薦希特勒進入慕尼黑的上層社會社交圈。

德美混血

漢斯塔格於一八八七年出生於慕尼黑，但雙親家族卻分別來自於大西洋兩岸。母親是美國人，長輩之中有人是南北戰爭時的將軍，還幫林肯總統抬過棺材。至於父親則是德國人，是知名的藝術出版商，爺爺則會製作石版印刷，並曾為華格納、李斯特等著名音樂家拍過照……恩斯特本人從小耳濡目染，常常在家中看到古典音樂界的泰斗，因此瘋狂喜愛上音樂。儘管練琴練得比念書要勤快，但他仍然成功進入哈佛大學就讀，學習藝術、文學、歷史和哲學。他還非常有創意地找到了滿足自己對音樂喜愛的方法：去幫足球校隊加油！只要一有空，他就會彈奏進行曲鼓勵球隊。不過，隨著時間過去，他終於得扛起家族責任的重擔，畢竟父親讓他跨國就讀名校，是為了讓他有能力接管家族事業出版社的美國分公司。

一見如故

一九二二年十一月底，恩斯特．漢斯塔格回到德國慕尼黑，為了幫一個在美國大使館的朋友的朋友，來到一間小餐館，聆聽一位隸屬於國家社會主義德意志勞工黨①、名叫阿道夫．希特勒的演說家演講。他一開始看不出來主講者究竟是哪一位，後來有人指給他看，他頓時覺得此人長得像火車站食品店的服務生。然而等到希特勒開始演講，第一印象立即被推翻。「小個子」和其他在小餐館喝著啤酒的客人一樣，完全拜服於希特勒這位「話術大師」的魅力之下。他甚至誇張地說希特勒的演講有如「言語的高潮」。

這就是德美混血的上層社會知識分子，如何一見鍾情迷上失敗畫家落魄士兵兼二十世紀撒旦化身的過程。漢斯塔格唯一比較不贊同的是希特勒那激烈的反猶太主義，話雖如此，他仍開始協助希特勒，並且成為他在一九二〇年代往上攀升以至於最後奪權的重要支柱。

做好事？

儘管沒有參加一九二三年十一月九日的慕尼黑政變（納粹黨人試圖用暴力取得巴伐利亞地區的政權），「小個子」卻把政變失敗的希特勒給接回來並藏在家中。希特勒當時情緒低落，拿著手槍有意自我了斷，漢斯塔格夫人海倫卻在此時出現，力挽狂瀾，以三寸不爛之舌成功讓希特勒走出低潮。她勸他：「怎能一遇到困難就放棄呢？你可是肩負著相信你可以救國的所有人的希望呀！」在說服希特勒的同時，海倫也偷偷把手槍藏到了一袋麵粉之中，避免希特勒又一時想不開。這下子，希特勒終於重新振作，並且願意向警察自首。唉，海倫，看看妳幹了什麼好事……

愛恨糾結

希特勒被關了一年多一點就被放了出來，於是他在聖誕節前夕出現在友人漢斯塔格家的門前。「小個子」立即敞開大門，為希特勒演奏華格納的曲子。這位開朗的鋼琴師後來被歷史學家稱為「希特勒的小丑」，只見他彎著巨大的身軀，聚精會神地演奏著，彷彿正隆重接待著最高貴的朋友。希特勒頓時感受到無限的溫暖，感動之餘向漢斯塔格說：「恩斯特，你是我最純淨的樂團。」是不是很像ＢＬ漫畫中的真情告白？

可惜好景不常，他們無法成為「永遠的好朋友」。「小個子」多次嘗試讓希特勒的政策不要那麼極端，終於讓兩人心生嫌隙，漢斯塔格遂逐漸被邊緣化成為局外人，終至兩人的決裂無可避免。一九三七年，希特勒派漢斯塔格去正在內戰的西班牙，說是要他負責聯繫所有當地的德國特派記者。飛機起飛後，飛行員才告知漢斯塔格，命令是要他跳傘降落到敵對陣營的占領區內。說穿了就是自殺任務！不過，飛機的引擎卻在此時出問題，讓「小個子」死裡逃生，撿回一條命。飛行員被迫緊急降落，而此時飛機還在德國境內。經過一番歷險，他成功脫逃到達瑞士，再輾轉來到英國。他在英國遭到囚禁，但牢房究竟比墓園要來得可愛得多。只不過後來又被移監到加拿大，差點沒讓他在獄中冷死。

會彈鋼琴的間諜

此時，漢斯塔格再度運用他在上層社會的舊識與人脈：不是別人，正是美國總統小羅斯福本人。他們倆過去曾在紐約的哈佛俱樂部認識，該俱樂部是專為哈佛校友設置的私人會所。這時的美國總統認為，如果可以從漢斯塔格那裡，探聽到關於希特勒的第一手資料，將會是千載難逢的機會，畢竟二次世界大戰的歐陸戰場已經打了三年多。於是「小個子」被遣返回美國，並且成為中央情報局（ＣＩＡ）前身、戰略情報局[2]「Ｓ計畫」的主角（Ｓ是代號，代表其母親的姓Sedgwick，賽德威克）。他的任務只有一個：就是要清楚描繪希特勒這個人的人格特質，讓他的美國新夥伴可以了解對手的心理，以便日後剷除他。他們非常仔細，不放過任何蛛絲馬跡，就連希特勒的音樂喜好也詳加記錄。另外，漢斯塔格也負責解析納粹德國的政治宣傳大外宣，有機會的話也可以進行反宣傳，針對德國進行心理作戰、認知作戰，看看能否分裂德國。

不過，最終小羅斯福決定漸漸和漢斯塔格保持距離，因為他想要連任總統，若被人發現他的顧問之一是納粹，即便是「前」納粹，也不太好看。所以他決定將漢斯塔格乖乖「還」給英國人，繼續囚禁到一九四六年，然後才把他又「還」給戰後的德國人，接受「去納粹化」的過程。不過，他當時畢竟已經離開納粹核心有段時間，因此沒讓他再坐牢太久。一九五七年，他出版了自己的回憶錄，卻沒有想像中的成功，就此逐漸被人遺忘。音樂無罪。

①國家社會主義德意志勞工黨（NSDAP），簡稱國社黨，通稱納粹黨，二十世紀前半葉的德國極右翼政黨。
②戰略情報局（OSS），美國在二戰期間成立的情報組織。

向希特勒說不的女演員
凱特．馮．納吉（Kathe Von Nagy）

希特勒（Hitler），西元一八八九年～一九四五年，德國政治人物，前納粹黨領袖，一九三三年至一九四五年間擔任德國總理和元首。發動第二次世界大戰，並為猶太人大屠殺的主要策劃者、發動者之一。

私密武器

一九四〇年，希特勒異常煩惱，可是困擾他的並不是猶太人，而是另外的事。海因里希．希姆萊①，他的親衛隊隊長寫信報告一個緊急事件。原來儘管法國人不太會打仗，三兩下就被德軍給解決了，但另一項危機卻正在醞釀當中。這些愛吃乳酪的死法國佬竟擁有一種毀滅性的祕密武器：淋病和梅毒！德意志第三帝國的士兵們占領法國後為了解悶，常去巴黎的妓院消費，然後就被傳染了。雖然這問題乍看之下沒什麼，但卻有可能影響德軍的戰力，減少可供使用的砲灰。聽到這裡，希特勒立即大吼：「不可以，門都沒有！」

誓死不從的勇敢娃娃

於是，「娃娃計畫」立即啟動。他的目標是要大量製造百分之百認證亞利安人種②的充氣娃娃，藉以提高士氣。希特勒還特意接洽匈牙利女演員凱特・馮・納吉，希望她能為了德軍的性福，放棄她的肖像權。原來獨裁者暗地裡希望充氣娃娃的樣子，能夠激似這位電影明星。或許他自己也想用吧？但女明星卻非常生氣地拒絕了。

既然如此，納粹高層們決定娃娃情人的臉龐乾脆留白，讓每個人自行想像。反正應該沒有人會跟充氣娃娃聊天吧？

希姆萊還真的為部隊下了訂單，把充氣娃娃給做了出來，不過卻成效不彰。士兵們似乎沒有很喜歡，更何況萬一充氣後宮被敵人俘獲，到時德軍的臉要往哪裡擺啊？德軍對敵人的震懾力量如果沒有了，那可不行。

假新聞？

話說回來，這整起事件聽起來有如天方夜譚，或許還真的是假（老）新聞也不一定。二〇一〇年挖掘出這則花邊消息的是葛萊姆・唐納，也就是《墨索里尼的理髮師》（*Mussolini's Barber*）一書的作者。他當時其實是在找發明芭比娃娃的美國人，羅絲與伊略・漢德勒（Ruth & Elliot Handler）的相關資料，卻誤打誤撞。據說當年製造充氣娃娃的工廠位於德勒斯登市③，然而該城卻於二次大戰期間、一九四五年二月的聯軍空中轟炸中炸毀。由於所有可能佐證傳聞的遺跡和資料都消失不見，看來關於「娃娃計畫」的爭議將會繼續以訛傳訛下去，不會漏氣。

①海因里希・希姆萊（Heinrich Himmler），西元一九〇〇年～一九四五年，第二次世界大戰期間納粹德國的重要政治人物，曾任納粹德國內政部長、親衛隊全國領袖，是納粹大屠殺的主要策劃者。

②亞利安人種（aryen），納粹是種族主義者，他們自認為屬於上等的亞利安人種，排斥混血鼓勵種族淨化。

③德勒斯登市（Dresde），德國東部重要的文化、政治和經濟中心。

戴高樂的祕書
伊莉莎白・德・米莉貝（Elisabeth de Miribel）

戴高樂（Charles de Gaulle），西元一八九〇年～一九七〇年，法國軍事家、政治家，第二次世界大戰期間領導自由法國，發表著名演說《告法國人民書》（又稱六一八宣言），號召法國人民抵抗納粹德國對法國的占領。一九五八年成立法蘭西第五共和國，並出任第一任總統。

異鄉人

一九四〇年六月十七日，貝當元帥正和德國人交涉停火協議，而伊莉莎白・德・米莉貝則是被派駐於倫敦進行外交任務。她接到一通好友喬佛・德・故賽①的電話，後者是戴高樂將軍的侍從官，至於戴高樂是誰當時幾乎沒有人知道，只知道他是名副政務委員，同樣被派駐在英國首都進行外交任務。故賽請伊莉莎白隔天到西摩廣場（Seymour Place）、戴高樂將軍借住的公寓中，說是有祕書工作要麻煩她幫忙。至於確切內容暫時無法透露。翌日，儘管伊莉莎白對速記毫無概念，仍準時赴約。

筆桿子的戰爭

站在將軍的面前，她感覺他很平靜，也長得非常高。

「妳要來一杯茶嗎？」

「好的，謝謝。」

「妳願意當我的祕書嗎？」

伊莉莎白．德．米莉貝點頭。戴高樂向她道謝後，立即開始交代第一項工作。那是一篇頗長的講稿，是用手寫的，不太好讀。將軍的筆跡不太連貫也不規則。伊莉莎白坐在一台手提式的Underwood牌打字機前，開始用兩隻手指頭打字。為了節省時間，喬佛．德．故賽為她念出一些片段。等到講稿打好，戴高樂拿起紙張僅約略讀了一遍。

「走吧，是時候了。」

他跳上一台計程車，往英國廣播公司（ＢＢＣ）的電台駛去。當天是一九四〇年六月十八日，戴高樂與法國人民有約，也和歷史有約……

①喬佛．德．故賽（Geoffroy de Courcel），西元一九一二年～一九九二年，法國外交官。

加斯東・德費赫的黑道保鑣多明尼克・梵杜里（Dominique Venturi）

加斯東・德費赫（Gaston Deferre），西元一九一〇年～一九八六年，法國抵抗納粹運動成員，政治人物。

戰時英雄

在晚年成為密特朗總統①的內政部長之前，加斯東・德費赫年輕時其實是抵抗納粹運動的成員。一九四〇年底他就已經參與馬賽地區的地下反抗組織，一九四三年更成為全國性抵抗組織「布魯圖斯網絡」（réseau Brutus）的首領。這時德費赫認識了一個重要人物，科西嘉黑手黨梵杜里家族的老大多明尼克・梵杜里，後者因為二戰期間抵抗納粹有功，拿到了二戰銀星十字勳章。在解放馬賽脱離納粹控制的戰役中，梵杜里曾協助社會主義民兵攻下報社《小普羅旺斯報》（Le Petit Provencal）。就這樣，綽號「尼克」（Nick）的梵杜里老大與德費赫結為好友，不時充當他的保鑣，必要時也會到港口修理不安分的敵對陣營。

戰後狗熊

法國解放後德費赫成功當選馬賽市長，多明尼克成為少數不用約隨時都可以見得到他的人。算是感謝他的忠心吧。然而，梵杜里家族本非善類，戰後又故態復萌。「尼克」與他的兄弟不但從事勒索、收取保護費，還走私香菸，在法國刑事局被稱為「白狼」，連加拿大警方和美國聯邦調查局都有他們的檔案：他們被懷疑和「法毒流」（French Connection）有關，負責將馬賽地區的海洛因毒品銷往北美洲。不過每次警方收網，他們卻都滑溜地成為漏網之魚。後來，馬賽市政府爆發一起關於垃圾回收的假發票醜聞，而梵杜里卻牽連其中。德費赫終於受不了了，將兩人幾十年的情誼給一刀兩斷，及時和他切割。於是，內政部長的好友兼保鑣竟然在其任內吃了四年的牢飯。

①密特朗總統（François Mitterrand），西元一九一六年～一九九六年，法國第一任民選左派總統。

約翰・甘迺迪的最佳敵人
大日本帝國海軍花見弘平少佐（Kohei Hanami）

約翰・費茲傑拉爾德・甘迺迪（John Fitzgerald Kennedy），西元一九一七年～一九六三年，美國第三十五任總統，被視為美國自由派的代表，也是美國歷史上第四位遇刺身亡的總統。

九死一生

一九四三年八月一日，約翰・費茲傑拉爾德・甘迺迪是名美國海軍的年輕中尉，指揮PT-109魚雷艇，在索羅門群島一帶，跟其他十來艘魚雷艇一起，負責攔截日軍的補給船隊。

當時風平浪靜，船員們遂將引擎熄火，在暗夜中說是警戒埋伏，但其實是稍事休息偷懶。接近凌晨兩點鐘，正當暗夜無光、伸手不見五指的時刻，又下起一陣大雨，甲板上的人都躲到船艙內避雨，結果沒有人發現日軍的驅逐艦「天霧號」（Amigiri）正以時速三十節海里的高速筆直衝向他們。不過，照理說即便沒看到也應該要聽到馬達高速運轉的聲音，真不知道甘迺迪當時在做什麼。黑夜之中，驅逐艦的艦長大日本帝國海軍花見弘平少佐也沒能避開敵軍的魚雷艇。這下可好，甘迺迪的魚雷艇頓時斷成兩截，起火燃燒。大家逃命啊！兩位水手當場被撞死，其他人則相對幸運。約翰被撞擊力道拋到甲板上，背部受傷。他鼓起勇氣救起了被嚴重燒傷的輪機長派翠克。接著，兩人拼命地游，甘迺迪也把同伴拖到了五公里外的環礁上。最後這群生還者成功被發現並且獲救。

最佳助選員

這件「戰功」原本肇因於一場疏失，甚至有可能被軍方調查，不過最後卻讓甘迺迪得到了一枚二戰紫心勳章。此外，經過影響力龐大的甘迺迪家族一番操作，立即讓約翰．甘迺迪成為二戰的（被動？）戰爭英雄，在其履歷上非常好看，尤其後來競選總統期間更是無往不利。特別是前一任總統可是另一名大名鼎鼎的戰爭英雄：艾森豪總統[1]。說到底，甘迺迪的「貴人」究竟是誰呢？當然是花見弘平！約翰．甘迺迪深知自己應該感謝這位「最佳敵人」，因此一九六一年美國總統的宣誓就職典禮上，有一位神祕嘉賓出現，是一名沒有人認識的矮小日本人。他可知道自己曾經暗中推了美國總統的命運一把？

①艾森豪總統（Dwight David Eisenhower），西元一八九〇年～一九六九年，美國政治人物和陸軍將領。美國第三十四任總統，亦是唯一訪問過台灣的美國總統。第二次世界大戰期間，擔任盟軍在歐洲的最高指揮官。

歷史Z咖搞什麼！

法國皇室變裝玩伴、希特勒的鋼琴師…
改變世界的都是偉人旁的小人物，75個超有事真相爆料

作者黛芬・佳冬・史隆 Delphine Gaston-Sloan
譯者詹文碩
主編丁奕岑
責任編輯曾秀鈴（特約）
封面設計羅婕云
內頁美術設計李英娟

執行長何飛鵬
PCH集團生活旅遊事業總經理暨社長李淑霞
總編輯汪雨菁
主編丁奕岑
行銷企畫經理呂妙君
行銷企劃專員許立心

出版公司
墨刻出版股份有限公司
地址：台北市104民生東路二段141號9樓
電話：886-2-2500-7008／傳真：886-2-2500-7796
E-mail：mook_service@hmg.com.tw
發行公司
英屬蓋曼群島商家庭傳媒股份有限公司城邦分公司
城邦讀書花園：www.cite.com.tw
劃撥：19863813／戶名：書虫股份有限公司
香港發行城邦（香港）出版集團有限公司
地址：香港灣仔駱克道193號東超商業中心1樓
電話：852-2508-6231／傳真：852-2578-9337
製版・印刷漾格科技股份有限公司
ISBN978-986-289-653-2・978-986-289-662-4（EPUB）
城邦書號KJ2030 **初版**2021年10月
定價360元
MOOK官網www.mook.com.tw
Facebook粉絲團
MOOK墨刻出版 www.facebook.com/travelmook

國家圖書館出版品預行編目資料

歷史Z咖搞什麼！法國皇室變裝玩伴、希特勒的鋼琴師…改變世界的都是偉人旁的小人物，75個超有事真相爆料／黛芬・佳冬・史隆作；詹文碩譯. -- 初版. -- 臺北市：墨刻出版股份有限公司出版：英屬蓋曼群島商家庭傳媒股份有限公司城邦分公司發行, 2021.10
192面；14.8×21公分. -- (SASUGAS ;30)
譯自：LE DENTISTE DE NAPOLEON, L'INDIC DE JULES CESAR…75 figures de l'ombre qui ont influencé l'histoire
ISBN 978-986-289-653-2(平裝)
1.世界史 2.通俗作品
710 110015866